Nach Iomaí Cor sa Saol

Micheál Ó Ráighne

Cló Iar-Chonnachta
Indreabhán
Conamara

© Cló Iar-Chonnachta Teo. 2002

An Chéad Chló 2002

ISBN 1 902420 51 1

Obair ealaíne an chlúdaigh: Pádraic Reaney
Dearadh clúdaigh: Tom Hunter
Dearadh: Foireann CIC

Bord na
Leabhar
Gaeilge

Tugann Bord na Leabhar Gaeilge
tacaíocht airgid do Chló Iar-Chonnachta

Faigheann Cló Iar-Chonnachta cabhair airgid ó

The Arts Council An Chomhairle Ealaíon

Clóchur: Cló Iar-Chonnachta, Indreabhán, Conamara
    Fón: 091-593307   Facs: 091-593362   r-phost: cic@iol.ie
Priontáil: Clódóirí Lurgan, Indreabhán, Conamara
    Fón: 091-593251/593157

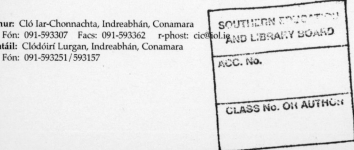

S a mBaile Rua a bhí Tom Bán agus a bhean chéile Sarah agus a n-aonmhac, Páidín, ina gcónaí. Bhí an teach a bhí acu tamall anuas ó bhun chnoc an Bhaile Rua. Ní raibh Páidín ach ceithre bliana déag d'aois nuair a fuair a athair bás go hóg in aois a dhá scór. Ach bhí a mháthair Sarah aigeanta go leor ag an am seo.

Bhí saol breá ag Páidín go dtí sin. Corrlá ar scoil agus corrlá sa mbaile. Go deimhin ní raibh mórán tóra aige ar an scoil. Má bhíodh sé corrlá ón scoil, ba ag tabhairt cúnaimh dá athair a bhíodh sé. Bhí píosa deas talún acu, cúpla bó agus leathscór caorach.

Ní raibh mórán de mhaoin an tsaoil ag aon líon tí sa mBaile Rua ag an am. Ba é Tom Bán agus a bhean Sarah ab fhearr acu. Tar éis bhás a athar chuir Páidín deireadh le scoil. Bhí sé ag teastáil óna mháthair anois. Bhí saol crua amach roimhe féin agus a mháthair ach bhí muinín mhór aicise as na comharsana mar bhíodh siad go rímhaith dóibh riamh, go mór mór Ned Mór Ó Súilleabháin, a gcomharsa bhéal dorais.

Bhíodh Ned agus Tom Bán ag obair as lámha a chéile go minic. B'iomaí braon breá poitín a rinne an bheirt acu i bpáirt. Bhí talamh Ned ag síneadh le talamh Tom; bhíodh cuid den dá thalamh seo báite ar feadh an gheimhridh. Rinne an bheirt acu draein mhór sa teorainn eatarthu leis an talamh a thriomú agus cheap siad freisin gur mhaith an áit é le húirlisí an phoitín a chur i bhfolach ó na Gardaí.

Bhí gach duine sa mBaile Rua ag déanamh a bheag nó a mhór i gcomhair an earraigh. Ní raibh mórán eolais ag Páidín ar obair earraigh ag an am seo, ach bhí Ned Mór á chur ar an eolas, an chaoi leis seo agus siúd a dhéanamh. D'inis sé dó freisin go mbíodh sé féin agus a athair ag déanamh corrbhraon poitín i bpáirt. D'inis sé dó faoin *worm* nua a bhí ag a athair agus go raibh sí i bhfolach sa draein teorann. Dúirt sé leis súil a choinneáil ar an *worm* anois agus arís i rith an tsamhraidh ar eagla go n-ísleodh an t-uisce sa draein agus go mbeadh an *worm* le feiceáil. Dá mbeadh bheadh air scraith nó caonach a chur os a chionn. Bhí Páidín buíoch anois faoi gach eolas a bhí faighte aige ó Ned agus rinne sé gach rud a dúirt sé leis. Ba ghearr go raibh sé chomh hábalta le Ned féin. Níorbh fhada go raibh an garraí beag ó dheas den teach faoi réir le cur aige. Bhí a mháthair Sarah ina bean mhaith tí freisin. Is í a chuir an t-aoileach síos ar an ngarraí beag lena cliaibhín ar a droim ó lá go lá go dtí go raibh a dóthain go maith aoiligh sa ngarraí aici. Anois bhí Páidín in ann dul ar aghaidh leis an gcuid eile d'obair an earraigh.

Bhíodh go leor cearc ag Sarah agus bhíodh sí ag díol na n-uibheacha tigh Shéamuisín, siopa an bhaile. Níorbh é Séamuisín a bhí i mbun an tsiopa ag an am seo, ach a iníon Síle a bhí tar éis teacht abhaile as Sasana tamall roimhe sin. Nuair a bhí Séamuisín ag éirí aosta agus gan an tsláinte rómhaith aige, chuir sé scéala chuig Síle teacht abhaile agus an áit ar fad a bheith aici. Chuir an scéala seo ríméad mór ar Shíle, ní nárbh ionadh. Bhí sí pósta ach fuair a fear céile bás óg go maith. Bhí beirt chlainne acu, Willie agus Deirdre. Bhí Willie thart ar chúig bliana déag ag an am sin agus Deirdre deich mbliana. Níor mhaith le Síle a clann a thógáil i Sasana agus, rud eile, ní raibh a sláinte féin thar mholadh beirte ach oiread.

Tháinig sí féin agus a clann abhaile agus is í a bhí i mbun na ngnóthaí uaidh sin amach.

Bhí Síle cairdiúil le Sarah agus le gach bean eile ar an mbaile chomh maith, go mór mór Nóra Chóil Mhóir a bhí tamall beag síos an bóthar uaithi. Bhíodh Nóra agus a fear céile ag tabhairt lámh chúnta do Sarah agus do Pháidín go minic ón am a bhfuair Tom Bán bás. Bhí trua ag Síle do Sarah mar bhí a fhios aici go raibh saol crua aici féin agus ag Páidín ó tharla an tubaiste sin.

Bhí trua faoi leith ag Síle di cionn is go bhfuair a fear céile féin bás go hóg. Ba mhinic a bhíodh Nóra agus Síle ag caint ar Sarah nuair a thagadh Nóra chuig an siopa. Bhíodh Nóra ag rá gurbh í Sarah an bhean ba dheise ar an mbaile agus go raibh sí chomh cneasta le haon bhean a chuir cos i mbróg riamh agus nach raibh gnóthaí aon duine eile ag cur isteach ná amach uirthi. Bhíodh an moladh céanna ag Síle uirthi.

Tráthnóna amháin amach sa Márta tháinig Nóra aníos chuig Sarah ar thóir uibheacha áil, mar bhí a fhios aici go raibh cearca breátha go leor aici. Bhí fáilte ag Sarah roimpi. Dúirt sí léi go dtabharfadh sí sin di agus fáilte ach go gcaithfeadh sí fanacht go dtí tráthnóna lá arna mhárach mar go raibh na huibheacha ar fad díolta aici sa siopa beag an mhaidin sin.

'Beidh siad agam duit tráthnóna amárach, le cúnamh Dé,' a dúirt sí.

'Beidh sin ceart go leor,' a dúirt Nóra. 'Tiocfaidh mé aníos tráthnóna amárach.'

Chaith an bheirt acu píosa ag caint agus ag cur síos ar an saol. Tar éis tamaill ghlac Nóra buíochas le Sarah agus d'imigh síos abhaile.

Tráthnóna lá arna mhárach tháinig Nóra ar thóir na n-uibheacha áil, ach, sular fhág sí an teach chuir sí dosaen uibheacha i mbosca do Nóirín Óg, a hiníon, le tabhairt suas chuig an siopa, mar gur theastaigh cóipleabhar uaithi i gcomhair na scoile. Dúirt sí le Nóirín dul chuig an siopa agus na rudaí a bhí ag teastáil uathu a fháil.

Nuair a shroich Nóra teach Sarah bhí fáilte mhór ag Sarah roimpi, agus bhí na huibheacha ansin i mbosca aici di chomh maith.

'Trí huibhe dhéag,' a dúirt Sarah, 'a chuirtear in ál agus tá sin sa mbosca seo, agus ní bheidh pingin ná leathphingin ina ndiaidh ort.' Chuir sí an bosca isteach i mála páipéir agus cheangail sí suas go deas é.

'Muise, go raibh míle maith agat,' a dúirt Nóirín, 'ach tóg a bheag nó a mhór orthu.'

'Ní bheidh aon airgead i gceist,' a dúirt Sarah, 'mar níor cheart uibheacha áil a cheannach nó b'fhéidir nach mbeadh aon sicín agat dá mbarr.'

'Tá go maith,' a dúirt Nóra, 'ach caithfidh mé é a chúiteamh leat lá éigin.'

Nuair a tháinig Nóra ar ais abhaile, bhí Nóirín Óg ansin fós agus í ag gabháil den obair scoile, agus bosca na n-uibheacha ar an mbord mar a d'fhág a máthair di é.

Leag Nóra bosca na n-uibheacha áil ar an mbord le hais an bhosca uibheacha eile.

'Ní dheachaigh tú chuig an siopa fós, a Nóirín,' a dúirt sí.

'Ní dheachaigh,' a dúirt Nóirín Óg. 'Rachaidh mé ann anois.'

Nuair a bhí Nóirín Óg faoi réir thóg sí ceann de na boscaí uibheacha a bhí ar an mbord suas chuig an siopa.

'Tá dosaen uibheacha sa mbosca seo agam,' a dúirt sí le Síle. 'Tá go maith, a stór,' a dúirt Síle. Níor bhac sí leis na huibheacha a chomhaireamh ach d'íoc sí astu.

Fuair Nóirín na rudaí a bhí ag teastáil uaithi féin agus bhuail sí síos abhaile. Nuair a tháinig sí d'iarr a máthair uirthi na huibheacha áil a chur faoin gcearc ghoir a bhí amuigh sa gcró. Rinne Nóirín é sin.

'Anois,' a dúirt a máthair léi, 'beidh sé trí seachtaine ón lá inniu sula mbeidh aon sicín óg le feiceáil againn ón gcearc ghoir.'

'Trí seachtaine,' a dúirt Nóirín Óg, 'cén fáth trí seachtaine?'

'Ó,' a dúirt a máthair, 'tógann sé na trí seachtaine nó b'fhéidir cúpla lá le cois sula dtagann na sicíní óga amach.'

Coinníodh súil ghéar ar an gcearc ghoir go dtí go raibh na trí seachtaine istigh. Nuair a bhí chuaigh Nóra Mhór ag breathnú ar na huibheacha ach ní raibh aon chosúlacht sicíní ann. Bhí na huibheacha chomh fuar leis an mbás. Ní raibh mórán barúile ag Nóra díobh anois, ach mar sin féin, d'fhan sí cúpla lá eile. Tar éis cúpla lá chuaigh sí ag breathnú ar na huibheacha arís, ach ba é an cás céanna é. 'Diabhal éan go brách a thiocfas as na huibheacha seo,' a dúirt sí.

Rug sí ar cheann de na huibheacha agus chroith sí í. Ní raibh san ubh ach a lán gliogair, ubh lofa. Rug sí ar ubh eile agus bhuail sí síos faoin tsráid í. Ba ghliogar eile a bhí sa gceann sin. Rinne sí an rud céanna le gach ceann acu nó go raibh dosaen uibheacha caite amach ón gcearc aici. Smaoinigh sí go ndúirt Sarah go raibh trí huibhe dhéag sa mbosca, ach cá ndeachaigh an ubh eile?

Bhí iontas an domhain ar Nóra Mhór nár tháinig fiú sicín amháin as an áilín uibheacha seo, agus í ag súil le trí cinn déag de shicíní. Síos léi go dtí púirín na gcearc. Rug sí ar an gcearc ghoir agus chaith sí amach as an nead í. 'Ní bheidh tusa ansin níos faide,' a dúirt sí, 'mar níl tú ach ag cur do shaol amú, agus mé féin chomh maith leat, ag súil le sicíní le trí seachtaine móra fada.'

Tráthnóna an lae sin, chuaigh Nóra Mhór síos go dtí Nainín Mháirtín, baintreach bhocht a bhí ina cónaí léi féin tamall beag síos an baile. Thug sí canna fíoruisce síos chuici as an tobar deas fíoruisce a bhí aici sa ngarraí ó dheas den teach. Is minic a thug sí uisce agus go leor rudaí eile do Nainín mar ní raibh sí féin in ann mórán a dhéanamh di féin, bhí na ceithre scór caite aici ag an am seo. Bhí claonfhéachaint ina dhá súil, ní raibh mórán amhairc aici agus ní bhíodh an méid sin féin aici aon am nach raibh pinse snaoisín aici. Bhí a fhios ag Nóra sin agus níor fhág sí gan snaoisín í aon am cé gur mó a bhí Nainín ag cur amú den snaoisín ná mar a bhí sí ag úsáid de, mar bhí crith ar a cuid méiríní caola caite.

Ba chomharsa mhaith í Nóra Mhór, bhí sí go rímhaith do Nainín agus do mhuintir an bhaile. Bhí cead ag gach uile dhuine ar an mbaile uisce a thabhairt as an tobar, go mór mór Sarah Tom Bán, an bhean a thug na huibheacha áil di gan pingin ná leathphingin. Bhíodh an tobar seo ag teastáil go géar ó chuid de mhuintir an bhaile, go mór mór sa samhradh.

Chaith Nóra píosa den tráthnóna tigh Nainín. Is iomaí rud a raibh siad ag caint faoi. D'inis Nóra do Nainín faoin ál uibheacha a fuair sí ó Sarah Tom Bán agus nár tháinig oiread is sicín amháin astu. Rinne Nainín staidéar beag. 'Cé uaidh a fuair tú na huibheacha áille, a stór?' a dúirt sí.

'Sarah Tom Bán,' a dúirt Nóra.

'Sarah Tom Bán,' a dúirt Nainín agus í ag cur pinse snaoisín faoina srón. Chuimil sí a dhá súil le cúl a láimhe. 'Muise, a Nóra, a stór,' a dúirt sí, 'ní hionadh ar bith nár tháinig aon éan as na huibheacha sin. Tá an bhean sin lán le piseoga. Is dócha gur chuir sí na huibheacha in uisce fiuchta sa gcaoi nach mbeadh tada agat dá mbarr. Bhí a fhios ag an mbean sin go maith céard a bhí sí á dhéanamh agus ní tusa an chéad duine ar imir sí an plean sin air. A stór, fan glan ón mbean sin, mar níl sí le trust.'

'Nuair a fuair m'fhear céile, Máirtín bocht, bás,' ar sise, 'níor tháinig sí féin ná Tom Bán chuig a shochraid. Bhí Tom píosa beag den oíche ag an tórramh, mar ba uaidh a cheannaigh mé an braon poitín i gcomhair na trioblóide agus ba dhaor an ailím é an poitín céanna. Murach sin is dócha nach mbeadh sé ann ar chor ar bith.'

Bhí Nóra Mhór ag éisteacht léi. Bhí iontas uirthi an méid sin a chloisteáil faoi Sarah mar ní bhfuair sí féin aon locht riamh uirthi agus murach na huibheacha áil ní bheadh aon locht aici anois uirthi ach oiread. Smaoinigh sí nach raibh ach dosaen uibheacha sa mbosca in áit trí cinn déag mar a dúirt Sarah léi. Smaoinigh sí freisin nár thug Sarah na huibheacha di an chéad tráthnóna a d'iarr sí iad. B'éigean di fanacht go dtí lá arna mhárach. Cheap Nóra gur phlean é sin a bhí ag Sarah le go mbeadh neart ama aici le fiuchadh bruite a bhaint as na huibheacha.

'Muise, a Nainín,' a dúirt sí, 'creidim ar fad do scéal. Is dócha go bhfuil na piseoga aici.'

'Ó,' a dúirt Nainín, 'agamsa atá a fhios, mar fuair mé mo dhóthain de tar éis bhás Mháirtín.'

Bhí a fhios anois ag Nóra go raibh trioblóid idir Nainín agus Sarah faoi rud éicint.

Bhí rún aici gan labhairt le Sarah uaidh sin amach agus chomh maith leis sin nach mbeadh cead aici aon deoir uisce a thabhairt as an tobar, samhradh ná fómhar an fhad ba bheo í.

Cúpla lá ina dhiaidh sin casadh Sarah agus Nóra Mhór ar a chéile ag an siopa beag. Bhí Nóra ag teacht amach doras an tsiopa agus Sarah ag teacht isteach an tsráid.

'Muise, go mbeannaí Dia dhuit, a Nóra,' a dúirt Sarah. Is ar éigean gur fhreagair Nóra í. Shiúil sí amach thairsti agus greim an oilc uirthi.

Rinne Sarah iontas mór de. Isteach léi sa siopa agus chuir Síle fáilte roimpi. Chaith siad píosa ag caint.

'Meas tú,' a dúirt Sarah, 'an bhfuil aon trioblóid tigh Nóra Mhór?'

'M'anam nach bhfuil a fhios agam faoi,' a dúirt Síle. 'Níor thug mé faoi deara tada uirthi thar aon lá eile. Tuige nó ar chuala tú tada?'

'Muise,' a dúirt Sarah, 'níor chualas, ach ar éigean a labhair sí liom amuigh ar an tsráid. Bhíodh muid riamh an-chairdiúil lena chéile agus níl sé ach tuairim is trí seachtaine ó shin ó thug mé uibheacha áil di gan pingin ná leathphingin agus bhí sí fíorbhuíoch díom an tráthnóna sin.'

'B'fhéidir,' a dúirt Síle, 'go bhfuil rud éicint eile ag cur isteach uirthi, níl a fhios ag aon duine cá luíonn an bhróg ar an duine eile.'

'Is fíor sin,' a dúirt Sarah. Nuair a bhí a cuid rudaí ar fad faighte aici d'fhág sí slán ag Síle agus thug sí a haghaidh ar an mbaile agus í ag cur an tsaoil trína chéile mar gheall ar Nóra Mhór.

Ag ól braon tae a bhí Páidín agus é tar éis teacht isteach ón gcnoc nuair a tháinig sí. Thug Páidín faoi deara nach raibh sí thar mholadh beirte. 'Tá rud éicint ag cur as duit anois, a Mhama,' a dúirt sé, 'nó céard é?'

Rinne Sarah staidéar beag. 'Muise, ní mórán é, a stór,' a dúirt sí. 'Nóra Mhór a casadh orm thoir ag an siopa beag. Labhair mé léi agus is ar éigean a d'fhreagair sí mé.'

'Aisteach go leor,' a dúirt Páidín, 'bean a bhí chomh mór linn gach lá riamh.'

'Bhuel,' a dúirt Sarah, 'tá rud éicint tarlaithe nach bhfuil a fhios againn faoi agus diabhal suaimhneas a dhéanfas mise go bhfaighidh mé amach céard atá ag cur as do Nóra Mhór.'

'B'fhéidir,' a dúirt Páidín, 'gurbh fhearr gan bacadh léi. Nach gearr a bhí sí ag athrú ón lá ar thug tú na huibheacha áil di.'

'Sin é an bealach atá le cuid de na daoine. Is cuma cén mhaith a dhéanfas tú orthu ach níl buíochas an mhada acu ort,' a dúirt Sarah, 'ach ní beo mé gan ceist a chur ar Nóra Mhór chomh luath is a chastar orm í. B'fhéidir Dé Domhnaigh, ag teacht ón aifreann go mbeadh seans agam dhá fhocal a bheith agam léi mar cinnte chuir duine éicint rud éigin ina ceann agus ní rachainn i mbannaí ar Nainín Mháirtín sin thíos. Tá a fhios agam nach bhfuil sise thar mholadh beirte. Níor labhair sí liomsa ón am a bhfuair Máirtín, a fear céile, bás.'

'Tuige sin?' a dúirt Páidín.

'Bhuel,' a dúirt Sarah, 'oíche an tórraimh tigh Nainín chuir sí duine aníos anseo ag iarraidh galún poitín. Bhí braon poitín déanta ag d'athair cúpla lá roimhe sin agus bhí a fhios ag Nainín sin. Níor eitigh d'athair í mar bhí trua aige di. Thug sé galún poitín di. Dúirt sí go n-íocfadh sí é nuair a bheadh an tsochraid agus gach rud thart. D'imigh cúpla seachtain agus mí thart ach ní raibh aon íocaíocht á déanamh ag Nainín. Bhí an t-airgead ag teastáil ó d'athair mar bhí an *worm* a rinne Beairtle na Céibhe dó trí mhí roimhe sin le híoc aige. Tráthnóna amháin bhuail mé féin síos chuig Nainín le súil go n-íocfadh sí an poitín, ach a stór, d'ith sí agus d'fheann sí mé agus níor fhág sí ainm thoir ná thiar nár thug sí orm. D'ordaigh sí amach as an teach mé agus dúirt sí liom gan teacht in aice an tí go brách arís.

"Níor ól aon duine aon deoir den phoitín brocach sin, bhí sé lofa," a dúirt sí.

"Má bhí sé lofa," a deirimse, "cén fáth nár chuir tú ar ais chugainn é, nó céard a rinne tú leis?"

"Fiafraigh den diabhal é," a dúirt sí, agus dhún sí an doras amach i m'aghaidh. Sin a raibh dá bharr agamsa tar éis m'aistir síos go dtí Nainín.'

Bhí cluas le héisteacht ar Pháidín.

'An í sin cailleach na súl casta?' a dúirt sé.

'Sin í an ceann céanna,' a dúirt a mháthair. 'B'fhéidir gurbh í a chuir rud éicint i gcluas Nóra. Mar a dúirt mé cheana ní miste fáil amach cén fáth an ghruaim atá ar Nóra.'

'B'fhéidir go bhfuil an ceart agat,' a dúirt Páidín, 'ach ná bíodh an iomarca le rá agat.'

An Domhnach dár gcionn fuair Sarah seans labhairt le Nóra, bhí sí anoir an bóthar ón aifreann ina diaidh. Nuair a shroich Nóra béal an bhóithrín isteach chuig an teach, labhair Sarah léi.

'Nach breá an lá é, a Nóra,' a dúirt Sarah.

Sheas Nóra. 'Nach bhfuil do chuid agat de,' a dúirt sí go feargach agus choinnigh uirthi ag siúl.

Shiúil Sarah isteach an bóithrín ina diaidh. 'Fan nóiméad beag, a Nóra,' a dúirt sí.

Sheas Nóra.

'Inis dom anois, a Nóra, céard a rinne mé ort, ón lá ar thug mé na huibheacha áil duit?' a dúirt Sarah.

'Muise,' a dúirt Nóra, 'rinne tú óinseach díomsa le do chuid uibheacha áil.'

'Ó, a stór,' a dúirt Sarah, 'ní dhearna mise óinseach díot ná d'aon bhean eile. Thug mé duit na huibheacha siúd le croí mór maith nó an é nach raibh aon mhaith sna huibheacha duit?'

'Is maith a bhí a fhios agat,' a dúirt Nóra, 'nach mbeadh aon sicín agam dá mbarr. Dúirt duine liom nach bhfuil bréagach, nach mise an chéad bhean a raibh an scéal céanna aici, mar go bhfuil neart piseog agat agus go gcuireann tú na huibheacha áil in uisce fiuchta sula dtugann tú uait iad agus is dócha gurbh é sin a rinne tú le mo chuidse.'

Bhí Sarah bhocht ina staic ag éisteacht léi. 'Muise, a Nóra, a stór,' a dúirt sí, 'cé a d'inis an mála bréag sin duit agus a chuir an droch-cháil seo amach fúm? Níor chuir mise as d'aon duine riamh. Ní raibh duine ar an mbaile seo nach raibh cairdiúil linn ach amháin Nainín Mháirtín. Níor labhair sise liomsa ó lá shochraid a fir chéile, Máirtín. Fuair sí galún poitín ó m'fhear céile le haghaidh na sochraide, ach níor íoc sí aon phingin riamh linn air. Nuair a chuaigh mise síos ag iarraidh an airgid uirthi, d'ionsaigh sí mé, d'ith sí agus d'fheann sí mé agus ruaig sí ón doras mé. Dúirt sí go raibh an poitín lofa agus nár ól aon duine é.'

'B'fhéidir,' a dúirt Nóra, 'go raibh an poitín lofa freisin, cosúil leis na huibheacha áil.'

'Na piseoga arís.'

'Bhí an ceart aici gan aon phingin a íoc ar rud lofa agus bhí an ceart aici tú a ruaigeadh ón doras. Uaidh seo amach, a Sarah,' a dúirt sí, 'ná tar in aice mo dhorais-se ach oiread, agus ná tabhair aon deoir uisce as mo thobar. Níl muide ag iarraidh ach daoine cneasta a bheith ag tarraingt timpeall an tí.'

Bhuail beagán feirge Sarah, ach smaoinigh sí go ndúirt Páidín léi gan mórán a bheith le rá aici nuair a bheadh sí ag caint le Nóra Mhór. Murach sin, b'fhéidir go mbeadh cúpla focal aici léi a dhúnfadh a béal.

Chuimhnigh sí ar an méid a dúirt Nóra, nach raibh sí ag iarraidh ach daoine cneasta timpeall an tí agus gur bheag an náire a bhí uirthi labhairt ar chneastacht, agus gan é ach cúpla bliain ó shin ó chaith Cóil Mór, a fear céile, cúpla mí i bpríosún as cúpla caora a ghoid ó Andy Beag as Caladh na Siongán ach níor bhac sí le tada a rá.

Bhuail sí suas abhaile, brónach go leor. Bhí Andy Beag ansiúd in éineacht le Páidín. Ag caint ar chaoirigh agus ar uain a bhí an bheirt. Bhí roinnt caorach ag Andy ar an gcnoc chomh maith. Ba é bearradh na gcaorach ba mhó a bhí i gceist acu mar ó fuair athair Pháidín bás thugadh Andy lámh chúnta dó ag bearradh na gcaorach agus thugadh Páidín lámh chúnta d'Andy leis an obair chéanna chomh maith.

Tar éis píosa d'imigh Andy.

Thug Páidín faoi deara i gcaitheamh an ama, agus é féin agus Andy ag caint, nach raibh mórán le rá ag a mháthair agus b'fhada leis gur imigh Andy.

'Bhuel, a Mhama,' a dúirt sé, 'an bhfaca tú Nóra Mhór?'

'Muise, chonaic, a stór,' a dúirt sí.

'Céard a bhí le rá aici?' a dúirt Páidín.

'Cuid mhaith thar a cuid paidreacha,' a dúirt Sarah.

'Ach, a Mhama,' a dúirt Páidín, 'cén fáth atá leis an athrú mór seo atá ar Nóra?'

'Ó, na huibheacha áil siúd,' a dúirt a mháthair. 'Níor tháinig aon sicín astu agus tá sí ag ceapadh go ndearna mise rud éicint leo.'

'Ach céard a dúirt tú léi?' a dúirt Páidín.

'Diabhal tada,' a dúirt a mháthair, 'ach ba mhaith liom cuid mhaith a rá, murach gur dhúirt tú liom ar maidin gan mórán a bheith le rá agam léi. Bhí fonn orm gadaí na gcaorach agus an príosún a chasadh suas leis an bpus aici. Tá mé beagnach cinnte gurbh í cailleach na súl casta a chuir an droch-cháil seo amach dúinn. Dúirt mé le Nóra, nuair a bhí deireadh na cainte déanta aici go raibh muide gnaíúil cneasta gach lá riamh agus go raibh gach bean ar an mbaile cairdiúil linn ach amháin Nainín Mháirtín. D'inis mé di nach raibh sise cneasta, mar nár íoc sí an poitín a fuair sí nuair a fuair a fear céile bás.'

'Bhuel,' a dúirt Páidín, 'nach iad na huibheacha céanna a tharraing an raic! Ach nach maith gur tháinig sé shicín amach duit féin as an leathdhosaen uibheacha a chuir tú faoin gceaircín liath?'

'Tháinig,' a dúirt a mháthair, 'ach níl a fhios agam céard a tharla do na huibheacha a thug mé do Nóra Mhór. Tá mé trína chéile de bharr na n-uibheacha céanna.'

'Muise, nach cuma faoi Nóra Mhór, déanfaimid cúis mhaith dá huireasa.'

'Muise,' a dúirt a mháthair, 'tá orainn déanamh dá huireasa anois, mar is dócha nach bhfeicfidh muid níos mó í.'

Nuair a shroich Nóra an teach, bhí sí féin cineál trína chéile. Bhí aiféala uirthi go raibh iomarca faid ar a gob nuair a bhí sí ag caint le Sarah. Níor mhaith léi nár íoc Nainín Mháirtín an poitín léi. Thuig sí nach raibh sé sin féaráilte.

Ag tabhairt bainne don lao ó dheas den teach a bhí Cóil Mór ag an am. Nuair a tháinig sé isteach thug sé faoi deara go raibh cuma na feirge ar Nóra.

'Céard atá mícheart anois?' a dúirt Cóil.

'Diabhal tada,' a dúirt Nóra.

'Cé leis a raibh tú ag caint thíos sa mbóithrín?' a dúirt sé.

'Sarah Tom Bán,' a dúirt Nóra. 'D'inis mé di nach dtáinig aon sicín as na huibheacha a thug sí dom, ach gáire a rinne sí fúm agus chuir sin fearg orm.'

'Muise,' a dúirt Cóil, 'nach cuma sa diabhal faoi na huibheacha céanna, ní ag Sarah bhocht a bhí neart air sin. Bean dheas ghnaíúil í Sarah, ní fearacht cuid eile de mhná an bhaile seo é.'

'B'fhéidir é,' a dúirt Nóra, agus thosaigh uirthi ag réiteach an dinnéir. Chuimhnigh sí ar Nainín Mháirtín agus ar an bpoitín.

'Muise, a Chóil,' a dúirt sí, 'nach raibh tú píosa den oíche ag an tórramh tigh Nainín Mháirtín nuair a bhásaigh Máirtín?'

'M'anam go raibh mé ann agus cuid mhaith den oíche,' a dúirt Cóil. 'Tuige?'

'An raibh poitín go fairsing ann?' a dúirt Nóra.

'M'anam go raibh,' a dúirt Cóil, 'agus braon maith le hól freisin. D'fhan cuid mhaith de na daoine go maidin ann, bhí neart poitín breá le hól acu ann. Cheapfainn gur dhaor an oíche ar Nainín í.'

Rinne Nóra scairt de gháire.

'Muise, a Chóil, a stór,' a dúirt sí, 'bíodh ciall agat. Níor chosain an oíche sin pingin rua uirthi.'

'Muise, meas tú?' a dúirt Cóil.

'Níor chosain,' a dúirt Nóra, 'mar níor íoc sí pingin ná leathphingin ar an bpoitín sin, ach dúirt sí go raibh an poitín lofa agus gur chaith sí amach é.'

'Cé a dúirt é sin leat?' a dúirt Cóil.

'An bhean a thug an poitín di,' a dúirt Nóra, 'Sarah Tom Bán.'

'Meas tú an fíor di é?' a dúirt Cóil. 'Más fíor é sin, níor cheart d'aon duine a bheith síos ná suas leis an gcailleach sin. Theastaigh a chuid féin ó Tom Bán agus Sarah, ba dhream cneasta iad sin gach lá riamh.' a dúirt sé.

Ní raibh a fhios ag Cóil go raibh íde na muc agus na madraí tugtha ag Nóra do Sarah mar gheall ar na huibheacha agus ba mhaith an scéal di féin nach raibh iomlán an scéil aige, agus bhí a fhios ag Nóra sin anois, ón moladh mór a bhí déanta aige ar Tom Bán agus Sarah, agus gan gean dá laghad aige ar Nainín Mháirtín.

Smaoinigh sí go ndearna Nainín Mháirtín éagóir ar Sarah agus smaoinigh sí freisin gurbh fhéidir go raibh sí féin as bealach le Sarah. Smaoinigh sí dá gcuirfeadh Sarah na huibheacha in uisce fiuchta, go mbeadh siad bogbhruite, ach ba ghliogar a bhí i ngach ceann acu.

Bhí barúil aici anois nach raibh aon fhírinne sna scéalta a bhí ag Nainín Mháirtín. Ní dhearna an dinnéar mórán sásaimh di.

Nuair a bhí an dinnéar thart, dúirt Cóil go rachadh sé suas tigh Tom Bán píosa den lá.

'Is fada nach raibh mé thuas ann,' a dúirt sé, 'caithfidh sé píosa den Domhnach dom.' Is beag nár thit Nóra as a seasamh nuair a chuala sí é sin.

'Muise, a Chóil,' a dúirt sí, 'ná himigh ón teach inniu. Níl mé ag aireachtáil rómhaith ó tháinig mé ón aifreann. Tá mé do mo chroitheadh le tinneas cinn. Rachaidh an bheirt againn suas ann Domhnach éicint eile.'

'Tá go maith,' a dúirt Cóil, 'luigh ar an leaba píosa.'

Siar léi ar an leaba agus í sásta go leor léi féin agus bréigín bheag eile curtha ina chéile aici do Chóil. Bhí a fhios aici dá rachadh Cóil suas chuig Sarah go ligfeadh sí an cat as an mála uirthi agus go n-inseodh sí di gach rud a dúirt sí léi ar maidin agus dá dtarlódh sé sin bheadh an diabhal ar fad déanta agus nuair a thiocfadh Cóil ar ais go mbeadh sé ina raic eatarthu féin.

Ní hé a beannacht a thug sí do Nainín Mháirtín ná a cuid scéalta faoi Sarah. Murach í, ní móide go mbeadh aon ní le rá aici le Sarah faoi na huibheacha áil. Bhí rún aici déanamh suas arís le Sarah chomh luath is ab fhéidir é, ach ní raibh sé sin éasca.

Maidin Dé Luain chuaigh Nóra suas chuig an siopa, bhí ciseán beag uibheacha aici. Bhí Síle ansiúd, bean an tsiopa, chuir sí fáilte roimh Nóra.

Leag Nóra an ciseán uibheacha ar an gcuntar. 'Dosaen atá ann,' a dúirt sí.

'Tá go maith, a stór,' a dúirt Síle.

'Ó,' a dúirt Síle, 'cuireann sé seo i gcuimhne dom an tráthnóna a dtáinig Nóirín Óg aníos agus bosca uibheacha aici. Dúirt sí gur dosaen a bhí ann. Níor chomhairigh mé na huibheacha ag an am ach bhí trí huibhe dhéag sa mbosca.'

'An mar sin é?' a dúirt Nóra. 'An bhfuil sé sin i bhfad ó shin?' a dúirt sí.

'Tuairim is mí nó mar sin,' a dúirt Síle, 'ach tá ubh amháin acu sin le híoc agamsa fós.'

Chuir na trí huibhe dhéag Nóra ag smaoineamh. Smaoinigh sí ar na huibheacha áil.

'An bhfuil an bosca sin agat fós, a Shíle?' a dúirt Nóra.

'M'anam go bhfuil,' a dúirt Síle. 'Tá sé anseo faoin gcuntar.' Leag Síle an bosca ar an gcuntar. 'Sin é anois é, a stór,' a dúirt sí, 'agus tabhair leat abhaile é.'

Bhreathnaigh Nóra ar an mbosca. Chonaic sí ainm agus seoladh Sarah ar an mbosca, Sarah Lang. Bhí a dóthain feicthe aici anois. Bhí a fhios aici gurbh iad na huibheacha áil a thug Nóirín chuig an siopa agus gurbh iad a gcuid uibheacha féin a cuireadh faoin gcearc ghoir. Thuig sí anois go raibh sí thar a bheith as bealach le Sarah agus go gcaithfeadh sí déanamh suas léi go luath ar fhaitíos go bhfaigheadh Cóil, a fear céile, tada amach faoin scéal seo.

Nuair a bhí an tsiopadóireacht déanta aici bhí sí faoi réir le bóthar a bhualadh abhaile. D'fhág sí slán ag Síle.

Bhuail sí abhaile ag siúl go mall réidh agus í ag smaoineamh ar an bpraiseach a bhí déanta aici. Smaoinigh sí arís ar an mbosca. Bhí ainm Sarah go soiléir air. Níor thug sí faoi deara é sin an tráthnóna ar thug Sarah an bosca di mar gheall ar an mála páipéir a bhí curtha ag Sarah ar an mbosca. Níor thug Nóirín Óg faoi deara aon ainm ar an mbosca a thug sí suas chuig an siopa, mar gheall ar an mála páipéir céanna. Anois bhí ar Nóra smaoineamh ar phlean éicint eile le déanamh suas le Sarah, ach má bhí rún aici déanamh suas le Sarah bhí rún daingean aici briseadh amach le cailleach na súl casta agus gan aon deoir uisce a thabhairt go brách arís as an tobar chuici.

Chuimhnigh sí nach raibh a fhios ag Nóirín óg ná ag a hathair tada faoin argóint a bhí idir í féin agus Sarah maidin Dé Domhnaigh. Smaoinigh sí Nóirín Óg a chur suas go dtí Sarah agus a rá léi teacht anuas mar gur mhaith léi í a fheiceáil. Bhí barúil aici nach mbeadh aon drogall ar Nóirín Óg dul suas chuici, mar ní raibh a fhios aicise go raibh an bheirt acu briste amach lena chéile.

Nuair a shroich sí an teach bhí sí gealgháireach go leor. Ag gabháil don obair scoile a bhí Nóirín ag an am. Réitigh Nóra braon tae don bheirt acu.

'An bhfuil tú an-chruógach leis an obair scoile sin, a Nóirín?' a dúirt sí.

'Níl,' a dúirt Nóirín Óg, 'tuige?'

'Bhuel, ba mhaith liom dá rachfá suas go dtí Sarah Tom Bán,' a dúirt sí, 'agus abair léi teacht anuas tráthnóna mar gur mhaith liom í a fheiceáil.'

'Tá go maith,' a dúirt Nóirín Óg, 'rachaidh mé suas anois.'

'Maith an cailín,' a dúirt Nóra, 'ná déan mórán moille ann. Bí ar ais chomh luath agus is féidir leat.'

Tar éis tamaill bhig bhuail Nóirín Óg suas go dtí Sarah. Níorbh iontaí le Sarah an sneachta dearg ná Nóirín a fheiceáil ag teacht aníos an bóithrín.

Chuir sí fáilte roimh Nóirín. 'Muise, cén chaoi a bhfuil sibh thíos ansin?' a dúirt sí.

'Ó, go maith,' a dúirt Nóirín Óg.

'An mbeidh cupáinín deas tae agat, a Nóirín?' a dúirt sí.

'Ní bheidh,' a dúirt Nóirín, 'go raibh maith agat, mar bhí tae agam féin agus Mama sular fhág mé an teach.'

Bhí Sarah ag smaoineamh anois go raibh rud éicint eile tarlaithe agus b'fhéidir rud gan mhaith, agus ba mhaith léi ceist a chur ar Nóirín. Tar éis píosa beag cainte ag an mbeirt acu, d'fhiafraigh sí de Nóirín an raibh sí ag iarraidh tada.

'Ó níl,' a dúirt Nóirín, 'ach chuir mo mháthair aníos mé le rá leat dul síos chuici, mar gur mhaith léi labhairt leat.'

Rinne Sarah staidéar beag.

'Le rá liom dul síos, an ea?' a dúirt Sarah.

'Is ea,' a dúirt Nóirín.

Chuir sin iontas mór ar Sarah. Smaoinigh sí gurbh fhéidir gur tuilleadh fonn troda a bhí uirthi.

'Muise, a Nóirín,' a dúirt Sarah, 'níl sé éasca agam dul síos an tráthnóna seo mar is gearr go dtiocfaidh Páidín isteach don tae. Tá sé féin agus Andy Beag amuigh ar an gcnoc ag bearradh na gcaorach.

Ach abair le do mháthair teacht aníos chugam amárach, ní bheidh anseo ach mé féin.'

'Tá go maith,' a dúirt Nóirín, 'dúirt Mama liom gan mórán moille a dhéanamh.'

Amach léi ar an tsráid agus Sarah in éineacht léi. Bhí an cheaircín liath ar an tsráid agus sé cinn de shicíní óga in éineacht léi. Sheas Nóirín ag breathnú orthu.

'Ó, nach álainn iad na sicíní óga!' a dúirt sí.

'Tá siad go deas,' a dúirt Sarah.

'Níor tháinig aon éiníní as na huibheacha a thug tú do Mhama,' a dúirt Nóirín.

'Chuala mé é sin,' a dúirt Sarah, 'ach cén dochar. Ar mhaith leat féin sicíní óga?'

'Ó, ba mhaith,' a dúirt Nóirín, 'ba mhaith liom a bheith ag tabhairt aire dóibh.'

'Más maith leat sicíní tabharfaidh mise an chearc sin agus na sicíní duit féin agus ansin beidh áilín de do chuid féin agat,' a dúirt Sarah.

Rug Sarah ar bhosca a bhí ar an tsráid. Chuir sí an chearc agus na sicíní sa mbosca agus dhún sí suas é.

'Anois,' a dúirt sí. 'Tabhair leat abhaile iad seo.'

Bhí croí Nóirín i mbarr a béil le ríméad.

'Go raibh míle maith agat, a Sarah,' a dúirt sí, 'ach b'fhéidir go mbeadh Mama ag troid liom faoina dtógáil agus b'fhéidir go gceapfadh sí gur iarr mé iad.'

'Ó,' a dúirt Sarah, 'ní bheidh do mháthair ag troid leat, mar ní raibh do mháthair ag troid le haon duine riamh,' agus rinne sí gáire. Smaoinigh sí san am céanna ar an íde a thug sí di féin an lá roimhe sin. Bhí barúil ag Sarah nach raibh a fhios ag Nóirín faoin íde sin ar chor ar bith.

Thóg Nóirín an bosca agus síos léi abhaile.

Isteach le Sarah sa teach, bhí sí ag déanamh iontais gur chuir Nóra fios síos chuig an teach uirthi. B'fhada léi go dtí lá arna mhárach le súil go dtiocfadh Nóra aníos. Ní raibh mórán súile aici léi.

Ar an mbealach síos abhaile do Nóirín agus an bosca faoina

hascaill aici ba mhinic a chuir sí a cluas leis an mbosca ag éisteacht leis na héiníní óga ag ceol dóibh féin agus iad te teolaí faoi sciathán na circe. 'Nach álainn iad?' a dúirt sí.

Bhí a máthair isteach is amach ar an tsráid ag súil ar ais le Nóirín Óg agus súil le Dia aici go dtiocfadh Sarah anuas an tráthnóna céanna agus go mbeadh gach rud ina cheart arís.

Ba ghearr go raibh Nóirín ar ais aici agus an bosca faoina hascaill aici.

'Bhuel,' a dúirt a máthair, 'céard atá sa mbosca sin agat, nó an bhfaca tú Sarah?'

'Chonaic,' a dúirt Nóirín. 'Thug sí cearc agus áilín sicíní dom.'

Rinneadh staic dá máthair.

'Cearc agus áilín éan, an ea?' a dúirt sí.

'Sea,' a dúirt Nóirín. 'Is dom féin a thug sí iad mar gheall nach dtáinig aon sicíní as na huibheacha a thug sí dhuit.'

'Muise, nach maith í,' a dúirt a máthair. 'Meas tú an dtiocfaidh sí anuas tráthnóna nó céard a bhí le rá aici?'

'Ní thiocfaidh sí anuas tráthnóna,' a dúirt Nóirín. 'Ní féidir léi mar tá Páidín agus Andy Beag ar an gcnoc ag bearradh na gcaorach agus tá sí ag súil isteach leo chuig an tae go gairid ach tá sí do d'iarraidhse suas amárach. Dúirt sí nach mbeadh aon duine ann ach í féin mar go mbeadh Páidín agus Andy ar an gcnoc arís amárach.'

'Muise nach é an trua é,' a dúirt a máthair, 'mar dhéanfadh sé rudaí níos éasca domsa dá dtiocfadh sí féin anuas.'

'Muise,' a dúirt Nóirín, 'nach bhfuil sé sách éasca agatsa dul suas chuici agus rachaidh mise suas in éineacht leat.'

'Ní rachaidh tú,' a dúirt a máthair. 'Nach bhfuil na sicíní óga agat le haire a thabhairt dóibh, agus coinnigh súil ar an gcat mór glas sin. Má fhaigheann sé seans orthu beidh sé á dtabhairt leis ó cheann go ceann. Tabhair aire mhaith dóibh anois.'

'Tá go maith,' a dúirt Nóirín.

Níor mhaith lena máthair Nóirín a bheith in éineacht léi mar bhí leithscéal le gabháil aici le Sarah faoin méid a bhí le rá aici léi an

Domhnach roimhe sin. Bhí a fhios aici ag an am seo go raibh sí go mór as bealach le Sarah.

Lá arna mhárach, maidin Dé Máirt, bhí Nóra Mhór ina suí go moch. Níor chodail sí mórán an oíche roimhe sin. Bhí sí trína chéile. Smaoinigh sí ar chailleach na súl casta agus an méid a bhí le rá aici faoi Sarah agus b'fhéidir, murach í, nach mbeadh mórán le rá aici féin le Sarah. Smaoinigh sí freisin go ndúirt sí le Sarah gan aon deoir uisce a thabhairt as an tobar, ná teacht in aice an tí go brách arís.

Bhí aiféala uirthi anois, ach smaoinigh sí gurbh fhéidir gur fáilte a bheadh ag Sarah roimpi, mar bhí sí an-chairdiúil le Nóirín Óg agus thug sí cearc agus áilín sicíní di.

San am céanna ní raibh muinín aici as Sarah. Cheap sí gur ag iarraidh í a mhealladh suas chuig an teach a bhí sí agus draonáil mhaith bhuailte a thabhairt di mar gheall ar an méid a bhí le rá aici an Domhnach roimhe sin. Chuaigh sí amach chuig púirín na gcearc. Chonaic sí píosa de chrú capaill i scailp ann. Chuir sí ina póca é.

'Anois,' a dúirt sí, 'ní bheidh mo dhá lámh chomh fada le chéile ag dul suas chuig Sarah ar fhaitíos na bhfaitíos gur *trap* é an cuireadh seo.'

'B'fhéidir gur fonn achrainn atá uirthi agus más ea, bíodh aici, agus b'fhéidir gur mhaith dom agam an píosa de chrú capaill más rud é gur raic a bheadh ann.' Amach píosa sa lá smaoinigh sí beirthe nó caillte a haghaidh a thabhairt ar Sarah.

Chuir sí uirthi an cairdeagan dearg a cheannaigh sí ag an díolachán earraí i halla an phobail an Domhnach roimhe sin agus chuir sí an píosa de chrú capaill i bpóca an chairdeagain.

Bhí an lá ag éirí an-te. Smaoinigh sí ar channa uisce breá glan a thabhairt as an tobar suas chuig Sarah. Thug sí an canna síos chuig an tobar agus líon sí suas go béal é. Bhí sí idir dhá chomhairle an canna uisce a thabhairt suas chuig Sarah nó gan a thabhairt mar dúirt sí léi an Domhnach roimhe sin gan an tobar sin a thaobhachtáil go brách. Sa deireadh chroch sí léi an canna uisce agus suas léi leisciúil go leor agus í ag athrú an channa ó lámh go lámh anois agus arís.

Lig Nóirín Óg na sicíní as an mbosca agus thug sí gráinní de mhin choirce dóibh. Shuigh sí síos ar an stóilín beag ag faire orthu ar fhaitíos an cat mór glas a bheith thart agus sicín beag a thabhairt leis.

Sa deireadh shroich Nóra tigh Sarah agus múr allais uirthi. Leag sí an canna uisce taobh amuigh den doras. Ag cur síos fataí sa bpota beag i gcomhair an dinnéir do Pháidín agus Andy Beag a bhí Sarah ag an am agus níor airigh sí ag teacht í.

Bhain sí geit as Sarah nuair a chuir sí bail ó Dhia uirthi. Sheas Sarah i lár an urláir nuair a chonaic sí Nóra. Thriomaigh sí a lámha ina naprún sular fhreagair sí Nóra.

'Muise, go mba é duit, a Nóra, a stór,' a dúirt sí. Chuir sí a dhá láimh timpeall uirthi agus phóg sí í. 'Agus do chéad míle fáilte. Suigh síos anseo. Tá tú marbh leis an teas.'

Nuair a chonaic Nóra cé chomh deas is a bhí Sarah léi shuigh sí síos ag sileadh na ndeor.

Rinne Sarah iontas de.

'Céard atá cearr anois,' a dúirt sí, 'nó cén fáth an caoineadh?'

'Muise,' a dúirt Nóra agus í ag triomú a súl, 'ní thuigim cén fáth a bhfuil tú chomh deas seo liom tar éis an drochbhail a chuir mé ort Dé Domhnaigh seo caite. Rinne mé éagóir mhór ort agus le cúpla lá anuas is ea a thuig mé cé chomh mór as bealach a bhí mé. Tá náire an tsaoil orm faoin méid siúd a dúirt mé.'

'Muise, a Nóra, a stór,' a dúirt Sarah, 'cén dochar? Fág marbh na rudaí sin anois. Níl mise ag iarraidh ach a bheith cairdiúil le chéile, mar a bhí muid gach lá riamh.'

'Go raibh míle maith agat,' a dúirt Nóra, 'sin ualach mór de mo chroí anois agus beidh gach rud mar a bhí. Murach an tseanchailleach sin thíos, ní móide go mbeadh aon ní eadrainn.'

'Cé hí sin atá i gceist agat?' a dúirt Sarah.

'Nainín Mháirtín,' a dúirt Nóra.

'Ó,' a dúirt Sarah, 'ná labhair uirthi sin liomsa. Tá a fhios agam go maith cé hí féin.'

'Tá a fhios agam féin anois é,' a dúirt Nóra. 'Dris chosáin cheart í. Thug sí fíordhroch-cháil ortsa.'

'Muise, is dócha gur thug,' a dúirt Sarah. 'Níor labhair sí liomsa ón am nár íoc sí an poitín linn. D'inis mé duit cheana faoin tórramh agus faoin bpoitín.'

'Ó, d'inis,' a dúirt Nóra.

'M'anam, nach rachaidh mise siar chuici uaidh seo amach. Chuaigh mé siar chuici tamall ó shin mar ní raibh mé thiar ann le tamall roimhe sin agus thug mé siar canna uisce glan chuici, ach ós ag caint ar uisce glan anois mé, thug mé canna breá uisce aníos duit féin. Leag mé taobh amuigh den doras é. Is beag bídeach nach raibh dearmad déanta agam é a rá leat.'

'Muise, go raibh míle maith agat,' a dúirt Sarah, amach léi agus thug sí isteach an canna uisce. 'Nach breá é,' a dúirt sí, 'agus beidh braon tae againn anois. Ba cheart go mbeadh na fataí seo bruite nó i ngar dó.' Thóg sí an pota fataí den tine agus chroch sí síos an túlán agus ba ghearr go raibh braon deas tae ag an mbeirt.

'Muise, go dtuga Dia do shláinte duit, a Nóra,' a dúirt Sarah. 'Nach breá é an t-uisce glan i gcomhair braon tae agus deoch.'

'Níl tada mar é,' a dúirt Nóra, 'agus beidh neart agat de an fhad is a bheas deoir sa tobar. Déan dearmad ar gach a raibh le rá agamsa leat Dé Domhnaigh faoin tobar céanna.'

'Go raibh míle maith agat,' a dúirt Sarah.

'Bhuel,' a dúirt Nóra, 'mar a dúirt mé ar ball beag thug mé uisce siar chuig Nainín Mháirtín. Shuigh muid síos ag caint. D'fhiafraigh sí díom an raibh cúpla ubh chirce le spáráil agam mar gur mhaith léi ubh chirce anois agus arís. Dúirt mé léi go raibh agus go dtabharfaidh Nóirín cúpla ceann arís di go gairid. D'inis mé di go bhfuair mé féin ál uibheacha cearc uaitse tamall ó shin agus nach dtáinig aon sicín astu. Dúirt sí go raibh tú lán le piseoga agus gur chuir tú in uisce fiuchta iad.'

Bhí Sarah ag éisteacht le scéal Nóra agus í ag miongháire i gcaitheamh an ama.

'M'anam, a Sarah,' a dúirt Nóra, 'gur cheap mé gurbh fhíor di é agus nach mé an óinseach géilliúint di agus b'in a chuir tús leis an raic a bhí eadrainn féin. Nach furasta droch-cháil a chur amach ar dhuine deas gnaíúil mar tusa.'

'Muise, bíodh aici anois,' a dúirt Sarah, agus í ag fáil an tae faoi réir ag an am. 'Nach cuma anois faoi Nainín Mháirtín, déanfaidh muid dearmad air. Beidh muid féin cairdiúil le chéile uaidh seo amach. Suigh isteach ag an mbord agus beidh cupán deas tae againn.'

Nuair a bhí an tae thart acu, shuigh an bheirt síos píosa ag caint.

'Nach iontach, a Nóra,' a dúirt Sarah, 'nach raibh aon sicín sna huibheacha áil sin, agus an t-áilín a chuir mé síos dom féin bhí sicíní i ngach ceann acu.'

'Muise, creidim go raibh,' a dúirt Nóra, 'agus go raibh maith agat as an gcearc agus na sicíní a thug tú do Nóirín. Tá sí thar a bheith ríméadach as na sicíní beaga. Ach, a Sarah,' a dúirt sí, 'ní ar na huibheacha a bhí an locht, mé féin a rinne praiseach den scéal seo,' agus rinne sí gáire.

'Cén chaoi?' a dúirt Sarah.

'Bhuel,' a dúirt Nóra, 'níorbh iad do chuid uibheacha a cuireadh faoin gcearc ghoir ar chor ar bith ach mo chuid féin. Dearmad mór a bhí ann.'

Rinne Sarah gáire ó chroí. 'Ach cén chaoi ar tharla an méid sin duit?' a dúirt sí.

'Bhuel,' a dúirt Nóra, 'fánach go leor mar a tharla sé agus murach Síle, bean an tsiopa, ní bheadh a fhios agam féin fós faoin rud a tharla.' Ansin d'inis Nóra an scéal ar fad do Sarah faoi na huibheacha, scéal a bhain gáire aisti.

'Sin anois tús agus deireadh scéal na n-uibheacha duit,' a dúirt Nóra, 'agus nach mór an raic a tharraing sé. Ach ba í cailleach na súl casta bun agus barr leis.'

'Muise nach cuma anois,' a dúirt Sarah, 'tá gach rud ina cheart mar a bhí riamh.'

'Tá,' a dúirt Nóra, 'buíochas le Dia, agus nach mór an mhaith don bheirt againn é sin. Is dócha go bhfuil sé in am agamsa dul abhaile anois. Tá tamall maith den lá caite in éineacht againn.'

'Tá,' a dúirt Sarah, 'agus tá mé buíoch faoin gcanna uisce a thug tú aníos.'

Rug sí ar an gcanna agus chuir sí an t-uisce sa mbuicéad bán a bhí ar an mbord agus thug sí an canna ar ais do Nóra. D'éirigh Nóra den chathaoir. 'Nach fearr dom a bheith ag baint orlaigh den bhealach,' a dúirt sí.

'Ó,' a dúirt Sarah, 'nach deas é do chairdeagan dearg.'

'Is deas,' a dúirt Nóra, 'tá sí go deas éadrom i gcomhair aimsire mar seo. Cheannaigh mé í ag an díolachán earraí i halla an phobail Dé Domhnaigh.'

'Muise, an mar sin é?' a dúirt Sarah.

'Bhuel,' a dúirt Nóra, 'má thaitníonn sí leat, bíodh sí agat agus fáilte.'

'Ó, ní bheidh,' a dúirt Sarah, 'go raibh míle maith agat.'

'Beidh,' a dúirt Nóra, 'is maith an airí ort cuid is mó ná sin,' ag baint di an chairdeagain. Chuir Sarah uirthi an cairdigean. Is í a bhí ceart aici.

'Is í mo dhíol go díreach í,' a dúirt Sarah, 'go raibh maith agat.' Chuir sí a lámh i bpóca an chairdeagain ach céard a fuair sí ach an píosa den chrú capaill a chuir Nóra ann sular fhág sí an teach.

'Muise, a Nóra,' a dúirt Sarah, 'féach an rud atá sa phóca,' ag taispeáint an phíosa de chrú capaill di.

Rinneadh staic de Nóra agus ansin rinne sí miongháire.

'Bhuel, bhuel,' a dúirt sí, 'nach í Nóirín an diabhailín, is í a chuir sa phóca é le diabhlaíocht. Chonaic mé Cóil ag leagan an phíosa sin ag íochtar na fuinneoige inné, ach mo léan, ní raibh sé ann gan fhios do Nóirín. Tá sí lán le diabhlaíocht.'

'Cén dochar,' a dúirt Sarah, 'nach ag déanamh grinn a bhí sí?'

'Muise, tá a fhios agam gurbh ea,' a dúirt Nóra.

'Tabhair leat abhaile anois é,' a dúirt Sarah. 'B'fhéidir go bhfuil úsáid éicint do Chóil ann.'

'Diabhal tabhairt,' a dúirt Nóra, 'fág ansin é.' Níorbh aon stró do Nóra cuimhneamh ar phlean beag, le hí féin a shábháil, ach dá mbeadh a fhios ag Sarah cén fáth a raibh an píosa de chrú capaill sa phóca nó cé le haghaidh a raibh sé, is mór an seans go mbeadh an tsíocháin a bhí déanta ina phraiseach arís.

Anois bhí Nóra faoi réir le dul abhaile agus an canna ina láimh aici. Ghlac Sarah buíochas léi arís faoin gcairdeagan. Dúirt sí léi Nóirín Óg a chur aníos lá arna mhárach agus go mbeadh áilín eile uibheacha aici di.

'Muise,' a dúirt Nóra, 'go raibh maith agat. Bhí rún agam iad a iarraidh ort ach bhí náire orm mar gheall ar ar tharla faoin áilín cheana.'

'Ná bac anois leis an rud a tharla,' a dúirt Sarah, 'ach abair le Nóirín teacht aníos.'

'Tá go maith,' a dúirt Nóra, 'agus tabharfaidh sí aníos canna eile uisce chugat.'

'Ó,' a dúirt Sarah, 'tá sé sin róthrom do Nóirín bhocht. B'fhéidir go rachainn féin síos i gceann cúpla lá.'

'Muise, ní bheidh sé róthrom aici,' a dúirt Nóra, 'cailín atá ceithre bliana déag.'

'Muise, an bhfuil?' a dúirt Sarah.

'Níl Páidín ach ceithre bliana níos sine ná í. Tá sé ocht mbliana déag anois, nach gearr a bhíonn na blianta ag sleamhnú amach,' a dúirt Nóra. D'fhág sí slán ag Sarah agus d'imigh sí.

Síos an bóithrín di chuimhnigh sí ar an bpíosa de chrú capaill sin a bhí ar an mbord tigh Sarah. Smaoinigh sí gurbh fhéidir go mbeadh sé ann lá arna mhárach nuair a thiocfadh Nóirín aníos agus dá bhfaigheadh sí aon chaidéis dó is cinnte go n-inseodh Sarah di cad as ar tháinig sé agus gach a ndúirt sí féin le Sarah faoi. Dá dtarlódh sé sin is dócha go ndéarfadh Nóirín nach bhfaca sí féin amharc riamh ar an bpíosa sin, rud ab fhíor di. Ansin bheadh barúil ag Sarah nach raibh sí ag insint na fírinne di faoin bpíosa crú capaill seo agus b'fhéidir gur ábhar raice a bheadh ann arís.

Smaoinigh sí gurbh fhearr a bheith ar an taobh sábháilte agus an píosa seo de chrú capaill a thabhairt as an mbealach agus ansin ní bheadh níos mó ann faoi. Chas sí ar ais.

'Muise, a Sarah,' a dúirt sí, 'tabharfaidh mé liom an seanphíosa den chrú sin, b'fhéidir go mbeadh sé ag teastáil ó Chóil.'

'Tá go maith,' a dúirt Sarah, 'sin é is fearr a dhéanamh.'

Ní raibh Nóra ag iarraidh aon lúb síos a bheith ina gnóthaí. Ar an mbealach síos di thar loch na gcearc uisce, chaith sí an píosa de chrú amach i lár an locha.

'Anois,' a dúirt sí, 'sin é an áit aige agus beidh deireadh le scéal agus bréag.'

Ardtráthnóna tháinig Páidín agus Andy Beag isteach ón gcnoc agus dhá mhála olla acu. Bhí an dinnéar réidh ag Sarah dóibh. Thug Páidín faoi deara go raibh a mháthair i ngiúmar maith agus thug sé suntas don chairdeagan dearg. Ní fhaca sé an cairdeagan sin roimhe seo. Thug sé faoi deara an buicéad uisce glan ar an mbord. B'fhada leis gur imigh Andy. Chomh luath is a bhí Andy cúpla coiscéim ón doras rinne Páidín miongháire. 'Cá bhfuair tú an cairdeagan dearg agus an t-uisce glan, a Mhama?' a dúirt sé.

Rinne Sarah gáire. 'Muise,' a dúirt sí, 'bean dheas ghnaíúil a tháinig ar cuairt chugam a thug dom iad.'

'Ach cé hí féin?' a dúirt Páidín.

'Nóra Mhór,' a dúirt Sarah.

'Nóra Mhór, an ea?' a dúirt sé. 'Muise, céard a tharla tar éis na híde a thug sí duit Dé Domhnaigh?'

'Bhuel,' a dúirt Sarah, 'bhí sí aiféalach go leor faoi sin inniu mar tá a fhios aici anois go raibh sí go mór as bealach liom.' D'inis sí do Pháidín an scéal ar fad a bhí ag Nóra faoi na huibheacha.

'Bhuel,' a dúirt Páidín, 'tá gach rud ina cheart arís mar a bhí riamh.'

Lá arna mhárach tháinig Nóirín Óg aníos le canna uisce chuig Sarah agus bhí ál eile uibheacha ag Sarah le haghaidh Nóra mar a gheall sí di.

Bhí Sarah agus Páidín sásta go leor leo féin anois agus go mbeadh deireadh le haon chineál trioblóide uaidh seo amach, ach ní mar a shíltear bítear.

* * *

D'imigh an samhradh breá thart agus an fómhar chomh maith ach tháinig fíordhrochaimsir i mí na Samhna le sioc agus sneachta, agus le barr a chur ar an donacht bhuail fliú trom roinnt mhaith daoine sa mBaile Rua, rud a chuir deireadh le roinnt seandaoine. An chéad scéala báis a bhí ar an mbaile ná bás Nainín Mháirtín. Ní raibh an dochtúir in ann mórán a dhéanamh faoin aicíd seo. Dúirt Ned Mór dá mbeadh braon breá poitín le fáil sa mbaile mar a bhí nuair a mhair Tom Bán go mbeadh leigheas ar an aicíd seo mar bhí leigheas ann do dhuine agus do bheithíoch. Lean an sioc air seachtain i ndiaidh a chéile go dtí nach raibh áit ar bith insiúlta.

Cé go raibh fógra géar tugtha ag na Gardaí agus fiú amháin ag an sagart paróiste do na daoine a bheith fíorchúramach an fhad is a bheadh an reothalach seo ar bhóithre agus ar chosáin, ní raibh gach duine cúramach agus bhí Sarah, máthair Pháidín, ar dhuine acu sin.

Thart ar mheán lae Dé Luain ag deireadh mhí na Samhna chuaigh Sarah síos chuig púirín na gcearc agus báisín coirce aici le haghaidh na gcearc. Sciorr sí ar an reothalach, buaileadh a cloigeann in aghaidh aille, rud a d'fhág gan mheabhair gan mhothú í. D'airigh Páidín an bhéic chráite. Rith sé síos chuig an bpúirín. Bhí a mháthair ansin, sínte ar bheagán mothaithe. Thosaigh Páidín ag caoineadh. Tráthúil go leor, bhí Andy Beag ag teacht aníos tigh Sarah. D'airigh sé Páidín ag caoineadh. Rith sé síos.

'Ó,' a dúirt Andy, nuair a chonaic sé Sarah sínte ansin. 'Go sábhála Dia sinn, céard a tharla?'

'Muise, sciorr sí ar an reothalach brocach sin,' a dúirt Páidín. Thug an bheirt suas chuig an teach í agus chuir ar an leaba í. Rith Andy ar thóir an dochtúra agus an tsagairt. Ba é an sagart ba thúisce a tháinig. Bhí imní air faoi Sarah cé nach ndúirt sé mórán le Páidín. Dúirt sé go rachadh sé ar thóir an dochtúra ach dúirt Páidín go raibh Andy imithe ar a thóir.

'Is cuma,' a dúirt an sagart. 'Rachaidh mé féin chuige ar fhaitíos go mbeadh sé rómhall,' agus d'imigh sé. Chuir an focal sin 'rómhall' níos mó imní arís ar Pháidín.

Tar éis tamaill bhig tháinig an dochtúir. Rinne sé scrúdú ar Sarah.

Dúirt sé go gcaithfeadh sí dul chun an ospidéil agus go dtabharfadh sé féin ann í. Chuir an triúr acu isteach sa gcarr í. D'iarr an dochtúir an bheirt in éineacht leis. D'fhágadar Sarah san ospidéal. Dúirt an dochtúir san ospidéal nach raibh sí ródhona agus go mbeadh sí ceart go leor i gceann cúpla lá. Bhí Páidín sásta go leor an méid sin a chloisteáil. Thugadar a n-aghaidh ar an mbaile ansin. D'fhan Andy an oíche sin in éineacht le Páidín.

Lá arna mhárach bhí an scéala faoi Sarah ar fud an bhaile. Ba í Nóra Mhór ba mhó ar ghoill an scéal seo uirthi. Smaoinigh sí ar an méid a bhí eatarthu an Márta roimhe sin agus go raibh sí ag cur éagóra uirthi. Nuair a bhásaigh Nainín Mháirtín níor chuir sí suim soip ann. Beidh deireadh le scéal agus bréag anois, a dúirt sí, mar bhí Nainín ciontach as an méid a bhí idir í féin agus Sarah. Nuair a chuaigh Páidín chuig an ospidéal arís, bhí beagán feabhais ar Sarah. Bhíodh Páidín istigh san ospidéal gach lá i rith na seachtaine agus roinnt de mhuintir an bhaile chomh maith, go mór mór Nóra Mhór.

Ag deireadh na seachtaine bhí feabhas breá ar Sarah. Dúirt sí le Páidín gur dócha go mbeadh sí ag dul abhaile an tseachtain dár gcionn agus nár ghá dó teacht isteach arís go dtí deireadh na seachtaine mar go raibh barúil aici go mbeadh sí le ligean abhaile agus go gcuirfí scéala chuige.

'Tá go maith,' a dúirt Páidín.

Tar éis píosa den lá a chaitheamh in éineacht lena mháthair thug sé a aghaidh ar an mbaile agus é sásta go leor, mar bhí sé ag súil leis an dea-scéala ag deireadh na seachtaine agus súil aige chomh maith le scéala ó oifig an dóil, mar bhí éileamh déanta aige ar an dól cúpla seachtain sular tharla an timpiste seo dá mháthair. Ba í Síle, bean an tsiopa, a bhí ag déanamh gach rud dó faoin dól céanna, is í a líon na foirmeacha dó agus rud ar bith eile a bhí le déanamh.

Ceart go leor, go moch ar maidin Dé hAoine fuair Páidín scéala ón ospidéal ach ní dea-scéala a bhí ann ach a mhalairt. Scéala go raibh a mháthair básaithe a bhí ann. Ba é fear an phoist a thug an sreangscéal ón ospidéal do Pháidín. Nuair a chonaic Páidín fear an phoist ag teacht aníos an bóithrín, cheap sé gur litir dóil a bhí aige dó agus bhuail ríméad é. Ach nuair a d'inis fear an phoist dó céard a bhí aige dó, is beag nár thit sé as a sheasamh, ní nárbh ionadh. Ba ghearr go raibh an drochscéala seo ar fud an bhaile. Ba é fear an phoist a d'inis don chuid ba mhó de mhuintir an bhaile é. Níor chreid cuid acu ar chor ar bith é. Nuair a chuala Ned Mór agus Andy Beag an scéal seo, ba iad an chéad bheirt iad a tháinig tigh Pháidín. Tar éis píosa tháinig Nóra Mhór agus Nóirín Óg. Ní maith a rinne Nóra do Pháidín ach donacht mar chomh luath agus a chuir sí a cos taobh istigh den doras thosaigh sí ag béiceach agus ag caoineadh, agus í ag rá os ard,

'A Sarah, a stór. Céard a tharla duit, nó cén fáth ar imigh tú uainn?' D'iarr Ned uirthi stopadh den chaoineadh. Ba ghearr go raibh beagán eile de mhuintir an bhaile istigh. Chuaigh Nóra siar sa seomra chun cúpla cathaoir a fháil. Nuair a chonaic sí an cairdeagan dearg a thug sí do Sarah roinnt míonna roimhe sin chuir an cairdeagan go leor i gcuimhne di. Thosaigh uirthi arís ag caoineadh os ard. Chuaigh Nóirín siar chuici, d'iarr sí uirthi gan níos mó caointe a bheith le cloisteáil uaithi, ansin stop sí. Thug sí cúpla cathaoir aniar as an seomra agus leag sí thart le balla iad.

Bhí Páidín ansin agus gan a fhios aige beo céard a dhéanfadh sé agus é ag sileadh na ndeor. Tar éis tamaill dúirt Ned le Páidín go gcaithfí dul chuig an ospidéal mar go raibh socrú sochraide le déanamh agus go rachadh sé féin agus Andy in éineacht leis. Dúirt sé freisin gur cheart an scéal seo a insint don sagart. Dúirt Andy go rachadh sé féin go dtí an sagart chun an scéal a insint dó.

'Tá go maith,' a dúirt Ned, 'agus abair leis go bhfuil an triúr againn ag dul isteach chuig an ospidéal más féidir aon charr a fháil ar an mbaile. B'fhéidir go rachadh sé féin isteach linn.'

Síos le hAndy. D'inis sé an scéal don sagart. Chuir sin iontas mór ar an sagart, mar cheap sé nach raibh aon bhaol báis ar Sarah. Dúirt sé le hAndy go rachadh sé féin isteach leo faoi cheann leathuair an chloig nó mar sin, agus go rachadh sé suas chuig teach Pháidín.

Bhí Ned ansin agus Páidín ag fanacht le hAndy agus ba ghearr go raibh sé ar ais.

Ba ghearr gur tháinig an sagart. Chuir sé a chomhbhrón in iúl do Pháidín. Dúirt sé gur chuir an scéala seo iontas mór air. Tar éis píosa, bhíodar faoi réir le dul chun an ospidéil. D'iarr Páidín ar Nóra Mhór fanacht ag an teach. Rinne Nóra é sin agus fáilte. Isteach leo chuig an ospidéal. Chuaigh Páidín agus Ned suas go dtí an barda a mbíodh a mháthair ann ón gcéad lá. Bhí beirt bhanaltra ansin ag cur caoi agus córa ar chorp mná.

'An é sin corp Sarah Lang?' a dúirt Ned.

'Is é,' a dúirt duine acu.

Shín sí a méar i dtreo na cairte bige a bhí os cionn na leapa agus Mrs Sarah Lang go soiléir air. Bhí sé cineál deireanach ag an am seo. Ní bhfuair siad ach amharc beag amháin ar an gcorp mar ní raibh na banaltraí réidh go fóill lena gcuid oibre. Nuair a chonaic Páidín an corp, is beag nár thit sé as a sheasamh. Thosaigh sé ag caoineadh. Bhí athrú an-mhór ar a mháthair. Cheap sé nach í a bhí ann ar chor ar bith.

'Nach uafásach é an bás,' a dúirt sé le Ned.

'Is fíor sin,' a dúirt Ned. 'Tá sí ídithe go mór in achar gearr. Níor aithin mise í ar chor ar bith.'

Socraíodh corp Sarah a thabhairt ón ospidéal go dtí séipéal an Bhaile Rua ar a cúig a chlog tráthnóna Dé Domhnaigh. Nuair a bhí gach rud socraithe thug siad a n-aghaidh ar an mbaile. Nuair a shroich siad an teach bhí beagán daoine ann agus Nóra Mhór agus Nóirín Óg ag freastal orthu. Le titim na hoíche, tháinig Síle, bean an tsiopa, agus a híníon Deirdre. Thug siad neart le hithe agus le hól i gcomhair na hoíche tigh Pháidín. Sin rud nach raibh súil ag Páidín leis. Ghlac sé buíochas le Síle agus dúirt sé go n-íocfadh sé an costas seo a bhí déanta aici lá éigin, ach dúirt Síle leis nach mbeadh aon íocaíocht le déanamh aige.

Níor fhan Síle ná Deirdre ach tamall gearr tigh Pháidín, mar bhí a fhios ag Síle go mbeadh roinnt de mhuintir an bhaile istigh i gcomhair na hoíche. Chuaigh Páidín síos an bóithrín leo píosa. Ghlac sé buíochas arís le Síle faoi gach rud. Sheas siad píosa ag caint. Dúirt sé le Síle nach bhfuair sé aon tuairisc ar an dól ón lá ar líon sí na foirmeacha dó. Dúirt sé go ndíolfadh sé cuid de na caoirigh le costais a íoc. Bhí Síle ag éisteacht leis.

'Anois, a Pháidín,' a dúirt sí, 'ná díol aon cheann de na caoirigh agus is cuma faoin dól. Ná bíodh imní ort faoi airgead. Fág é sin faoi mo chúramsa agus beidh gach rud ceart,' agus ansin d'imigh sí. Chuir sé seo iontas mór ar Pháidín, cén fáth a raibh Síle ag déanamh an méid seo dó.

Smaoinigh sé go raibh sí an-mhór lena mháthair agus gur mar gheall uirthise a bhí sí chomh cairdiúil leis.

Ar an mbealach ar ais chuig an teach dó d'airigh sé fear ag siúl aníos an bóithrín. Sheas Páidín. Cóil Mór a bhí ann, fear céile Nóra Mhór. Níor casadh Páidín air go dtí seo.

'Ní maith liom do thrioblóid, a Pháidín,' a dúirt sé, 'agus ní maith le haon duine ar an mbaile é ach oiread.'

'Tá a fhios agam é sin,' a dúirt Páidín, 'ach cén neart atá air anois?'

'Níl aon leigheas ar an scéal anois,' a dúirt Cóil. 'An bhfuil mórán daoine thuas ag an teach?'

'Níl ann ach cúpla duine,' a dúirt Páidín. 'Murach do bhean chéile bheinn i dteannta. Is í atá ag déanamh gach rud dom.'

'Thug mise cúpla buidéal poitín liom,' a dúirt Cóil. 'Cheap mé go mbeadh braon beag le haghaidh cúpla duine a bheadh ag fanacht go maidin feiliúnach. Tá an oíche fuar agus níl deireadh leis an sioc seo fós.'

'Go raibh míle maith agat,' a dúirt Páidín.

Nuair a shroich siad an teach ní raibh ann ach Ned agus Andy Beag agus Nóra Mhór. Bhí Nóirín Óg ag réiteach braon tae dóibh.

Thóg Cóil na cúpla buidéal poitín a bhí i mála beag aige do Pháidín agus leag sé siar sa seomra iad. Thug Nóra Mhór súil ar leataobh ar an mála beag. Bhí barúil aici céard a bhí ann. Rinne sí miongháire.   'Nach bocht an scéal sa teach seo é anocht,' a dúirt Cóil, 'agus nach é an trua gur tharla a leithéid de thimpiste don bhean bhocht.'

'Sin í an fhírinne,' a dúirt Ned, 'agus nach beag an tsúil a bhí leis.'

Ní raibh focal as Páidín. D'iarr Nóra Mhór air braon tae a ól ach níor ól.

'Tá an oíche fíorfhuar,' a dúirt Ned.

'Tá,' a dúirt Cóil, 'agus mar a dúirt mé le Páidín, níl deireadh leis an sioc seo fós.'

Chuir Nóra roinnt eile móna ar an tine. Chaith siad píosa ag caint air seo agus siúd.

'Bhuel,' a dúirt Ned, 'tá an uaigh le déanamh amárach. B'fhéidir go dtiocfá in éineacht linn, a Chóil.'

'Muise,' a dúirt Cóil, 'nach é sin an rud is lú dom a dhéanamh don teach seo, beidh mise in éineacht libh. Nach muid a rinne uaigh Tom Bán, a fear céile, ceithre bliana ó shin.'

'Tá's agam gur muid,' a dúirt Ned, 'agus nach gearr a bhíonn na blianta ag sleamhnú amach.'

Ba ghearr gur tháinig beirt fhear eile as íochtar an bhaile, Máirtín Chóilín agus Tomás Sheáinín. Ba ghaolta le Sarah iad. Chuir gach duine acu a gcomhbhrón in iúl do Pháidín. Thug Nóra cúpla cathaoir eile aniar as an seomra.

'Nach bocht mar a tharla sé seo do Sarah bhocht,' a dúirt Máirtín Chóilín.

'Muise, nach air sin a bhí muid ag caint anois,' a dúirt Ned, 'ach cén neart atá air?'

'Diabhal neart air,' a dúirt Tomáisín Sheáin.

'Ní bheidh deireadh go luath leis an sioc seo,' a dúirt Cóil Mór.

'Is é a chosúlacht é,' a dúirt Tomáisín Sheáin. 'Tá sé ag sioc go láidir anocht.'

D'iarr Cóil ar Pháidín braon den phoitín a roinnt. Fuair Páidín an buidéal agus gloiní agus thug sé do Chóil iad. Thosaigh Cóil á roinnt thart.

'Muise, m'anam gur breá an braon poitín é seo, a Pháidín,' a dúirt Tomáisín Sheáin, 'pé áit a bhfuair tú é.'

'Bhuel,' a dúirt Páidín, 'ní mise a fuair é, ach Cóil anseo. Is é a thug dom é.'

Nuair a bhí braon ólta acu, ba ghearr go raibh neart cainte acu.

'Nach iomaí braon breá poitín a rinne fear an tí seo, nuair a mhair sé,' a dúirt Máirtín Chóilín, 'agus ba mhaith uaidh. Níor bhain sé mórán leasa as an *worm* nua a rinne Beairtle na Céibhe dó, nó meas tú an bhfuil an *worm* sa teach fós?'

'M'anam go bhfuil,' a dúirt Ned Mór, agus é ag roinnt braon eile thart. 'Tá sí in áit nach féidir le haon gharda greim a fháil uirthi. Chuir mise sa draein teorann í. Draein a rinne mé féin agus Tom Bán roinnt blianta ó shin sa teorainn idir an bheirt againn. Tá ceithre troithe uisce os a cionn.'

'Bhuel,' a dúirt Máirtín Chóilín, 'tá sí in áit mhaith ach níl Garda le *trust* am ar bith, go mór mór na Gardaí óga atá ann anois.'

Bhí Páidín ansin ina shuí in aice na tine agus gan smid as. D'iarr Nóra Mhór in athuair air braon tae a ól agus greim a ithe, ach ní raibh aon mhaith di a bheith ag caint leis. Tar éis píosa dúirt Páidín go rachadh sé ar an leaba go ceann tamaill.

'Tá an ceart agat,' a dúirt Ned, 'mar tá jab crua amach romhainn ar maidin.'

'Céard é seo?' a dúirt Tomáisín Sheáin.

'An uaigh atá le déanamh,' a dúirt Ned.

'Rud a chaithfear a dhéanamh,' a dúirt Tomáisín, 'agus beidh sé deacair picéad a chur i dtalamh ar maidin de bharr an tseaca seo. Beidh an bheirt againn ag fanacht go maidin agus cabhróimid leo.'

'Go raibh maith agaibh,' a dúirt Ned, 'agus ní gá do Pháidín bocht a bheith linn, ná Andy ach oiread.'

Chuaigh Páidín ar an leaba. Go deimhin níor chodail sé mórán. Bhí sé ag smaoineamh ar a mháthair, an saol crua a bheadh aige leis féin uaidh seo amach. Bhí sé ag smaoineamh ar Shíle, bean an tsiopa. Bhí iontas mór air faoi chomh maith is a bhí sí dó, gan a fhios cén fáth. Smaoinigh sé freisin gur gearr anois go mbeadh an dól aige agus gur mhór an mhaith é sin féin. Thit sé ina chodladh sa deireadh. Bhí brionglóid aige inar cheap sé go bhfaca sé a mháthair thíos ag púirín na gcearc, báisín coirce aici agus í á thabhairt do na cearca agus ciseán mór uibheacha aici ina leathlámh.

Dhúisigh sé de gheit, smaoinigh sé ansin gur ag brionglóideach a bhí sé. Thosaigh air ag caoineadh arís. Tar éis píosa tháinig sé aniar as an seomra agus é ag triomú a shúl a bhí chomh dearg le rós de bharr na ndeor goirt, glas. Maidin fhuar a bhí ann agus sioc go domhain i dtalamh.

Dúirt Ned leis nár ghá dó féin ná d'Andy dul chuig an reilig mar go raibh ceathrar acu ann agus go raibh a ndóthain sa méid sin.

'Tá go maith,' a dúirt Páidín.

Moch go maith chuaigh an ceathrar chuig an reilig. Níor thóg sé chomh fada sin an uaigh a dhéanamh, cé gur cheap siad gur jab crua a bheadh ann.

Idir an dá linn tháinig Síle chuig teach Pháidín arís agus ciseán mór bia agus óil aici. Dúirt sí le Páidín go mbeadh sin ag teastáil uaidh i gcomhair an tae. Ghlac Páidín buíochas ó chroí léi. Níor fhan sí i bhfad ach dúirt sí leis dá mbeadh aon ní eile ag teastáil, scéala a chur chuici. Bhí Nóra Mhór ansin i gcaitheamh an ama. Ghlac sise buíochas le Síle chomh maith. Nuair a tháinig an ceathrar ar ais ón reilig bhí dinnéar breá réidh ag Nóra dóibh. Thug sí deoch le hól dóibh ar dtús ach murach Síle ní bheadh aon ól ann. D'inis Nóra dóibh gurbh í Síle a thug ól agus bia isteach luath go maith ar maidin.

'Is maith an chomharsa í Síle,' a dúirt Cóil Mór. 'Tá sí thar a bheith go maith do Pháidín. Tá mé ag ceapadh nach bhfuil sí féin rómhaith de réir mar a chuala mé. Tá imní uirthi faoi Willie Rua agus faoi Dheirdre, mar tá rún acu dul ar ais go Sasana am éigin agus ní maith le Síle é sin, go mór mór Willie Rua. Ba mhaith léi go bhfanfadh Willie sa mbaile.'

'Sin é an chaoi leis an saol,' a dúirt Tomáisín Sheáin. 'Faigh duine gan imní ar an saol seo.'

'M'anam,' a dúirt Nóra, 'go bhfuil lán do bhéil den fhírinne ráite agatsa, a Thomáisín.'

Nuair a bhí an dinnéar thart chaith siad píosa ag caint.

'Anois,' a dúirt Ned, 'beidh corp Sarah le tabhairt ón ospidéal go dtí an séipéal ar a cúig a chlog tráthnóna amárach, Dé Domhnaigh. Rachaidh mé féin síos go dtí an t-adhlacóir le rudaí a chur ina cheart i gcomhair an corp a thabhairt ón ospidéal.'

'Sin é anois an rud ceart le déanamh,' a dúirt Cóil. 'Ach fan tamall agus lig do scíth. Tá obair mhór déanta agat ó mhaidin.'

'Tá go maith,' a dúirt Ned. Shuigh sé síos. Chaith siad píosa eile ag caint agus go deimhin ba faoi Sarah ba mhó a bhí an chaint seo. Bhí Páidín ag éisteacht le cuid den chaint seo agus an moladh mór a bhí acu ar a mháthair. Chonaic sé Nóra Mhór ag triomú a súl le cúl a láimhe. Bhí a fhios aige go raibh sí ag caoineadh ach go raibh sí ag iarraidh é sin a cheilt os a chomhair féin. Chuaigh sé siar go seomra a mháthar agus thosaigh ag caoineadh os ard. Chuaigh Nóra siar chuige. Chaith sí píosa ag caint leis. Bhí sé ag breathnú ar an gcairdeagan dearg a bhí crochta ag a mháthair os cionn na leapa. D'iarr sé ar Nóra an cairdeagan a thabhairt léi agus aon éadach eile a bhí ag a mháthair ba mhian léi.

Tar éis píosa tháinig siad aniar as an seomra. D'iarr Nóra air dinnéar a ithe, ach níor ith. Shuigh sé síos in aice na tine ag sileadh na ndeor. Ní raibh smid as aon duine ar feadh tamaill bhig. Bhí feadaíl uaigneach ag an ngaoth aduaidh in éadan an dorais dhúnta. Bhí an ghaoth ag neartú agus corrchalóg sneachta i mbéal gaoithe. Bhí an madra ina luí i lár an urláir ag an am. Gheit sé, thosaigh sé ag tafann, suas leis chuig an doras dúnta agus é ag croitheadh a eireabaill. Buaileadh cnag ar an doras ó thuaidh. Fear an phoist a bhí ann.

Cheap Páidín gur litir faoin dól a bhí aige dó.

Chroith sé lámh le Páidín. 'Anois,' a dúirt sé, 'tá dea-scéala agam duit. Tá sreangscéal anseo agam ón ospidéal ag rá leat go bhfuil do mháthair réidh anois le teacht abhaile. Ba chóir duit glaoch isteach an tráthnóna seo, más féidir.' Thug sé an sreangscéal do Pháidín. Is beag nár thit Páidín as a sheasamh.

'Mo mháthair, an ea?' a dúirt sé, de sheanbhéic.

'Sea,' a dúirt fear an phoist. 'Fuair tú an scéala mícheart ar maidin inné, ba bhean eile ar an ainm céanna a bhí i gceist. Dearmad mór é seo ó thaobh an ospidéil de.'

Isteach an doras le Páidín faoi dheifir agus an sreangscéal seo ina lámh aige.

'Níl mo mháthair básaithe ar chor ar bith,' a dúirt sé. 'Tá sí slán sábháilte,' agus crith ina dhá lámh, 'bean eile ar an ainm céanna a bhí i gceist.'

Thug sé an sreangscéal do Nóra Mhór. Cheap gach duine a bhí ann go raibh Páidín as a chiall. Léigh Nóra an sreangscéal. Rinne sí gáire.

'Tá an ceart ag Páidín,' a dúirt sí. 'Buíochas mór le Dia, tá Sarah go rímhaith anois.'

'Anois,' a dúirt Ned, 'nach uafásach míchúramach atá siad san ospidéal sin agus an drochbhail atá curtha orainn féin agus ar Pháidín bocht ó mhaidin inné agus muid ag súil lena corp ag an séipéal tráthnóna amárach.'

'Buíochas le Dia,' a dúirt Nóra, 'gur mar sin atá an scéal.'

'Údar áthais an scéala seo,' a dúirt Cóil Mór, 'don bhaile uilig, ach nach uafásach an phraiseach a rinne lucht an ospidéil de. Níl creidiúint ar bith le tabhairt dóibh.'

'Níor chuala mé féin,' a dúirt Tomáisín Sheáin, 'a leithéid de scéal riamh,' agus rinne sé gáire. 'Uaigh déanta do bhean a bhí slán sábháilte le teacht abhaile.'

'Níor chuala tú ná aon duine eile,' a dúirt Cóil Mór.

'Is cuma anois,' a dúirt Ned, 'nach dea-scéala é.'

'Tá mé cinnte,' a dúirt Nóra, 'go mbeidh Sarah iontach go leor an scéal seo a chloisteáil nuair a thiocfaidh sí abhaile.'

'Is cinnte go mbeidh,' a dúirt Ned.

'Bhuel anois,' a dúirt Cóil, 'bhí cúpla buidéal poitín againn oíche aréir agus ba bheag an sult a bhain muid as ach is crua an cás é, nó beidh cúpla ceann anocht againn más féidir iad a fháil agus bainfidh muid sult as agus Sarah in éineacht linn. Ní tórramh a bheas againn ach spórt agus greann.'

'Diabhal locht ar do scéal,' a dúirt Ned, 'cuirfidh muid uilig beagán sa mbailiúchán.'

Rinne Páidín gáire, an chéad gháire a rinne sé ón tráthnóna a tharla an timpiste dá mháthair. Chuir sin ríméad ar Nóra Mhór.

'B'fhéidir, a Pháidín,' a dúirt sí, 'go mbeifeá in ann greim a ithe anois.' Réitigh sí béile do Pháidín, rud a theastaigh uaidh mar níor ith sé mórán le cúpla seachtain roimhe sin.

'Anois,' a dúirt Cóil Mór, 'tá rudaí eile le cur ina gceart againn. Tá muintir an bhaile seo cinnte go mbeidh corp Sarah ag teacht chuig an séipéal tráthnóna amárach mar a bhí ceaptha agus caithfear iad a chur ar an eolas.'

'Céard atá le déanamh anois?' a dúirt Páidín.

'Bhuel,' a dúirt Cóil, 'is é an sagart an t-aon duine amháin a chuirfidh ar an eolas iad ag an aifreann amárach ach an scéal seo a insint dó agus is fearr dúinn dul chuige anois.'

'Tá go maith,' a dúirt Ned. 'Rachaidh an bheirt againn soir chuige agus ar an mbealach ar ais rachaidh muid chuig an reilig chun an uaigh sin a dhúnadh. Buíochas le Dia nach dteastaíonn an uaigh sin anois.'

'Bhuel,' a dúirt Tomáisín Sheáin, 'beidh mise agus Micilín ag dul soir abhaile gan mórán moille agus dea-scéala againn agus dúnfaidh muid an uaigh sin.'

'Tá go maith,' a dúirt Ned, 'agus go raibh míle maith agaibh.'

Bhuail Cóil agus Ned soir go dtí an sagart. Chuir an sagart fáilte rompu.

'Is dócha gur i ngeall ar shochraid Sarah atá sibh,' a dúirt sé.

'M'anam gurb ea,' a dúirt an bheirt, 'ach níl an tsochraid le bheith ann.'

'Tuige?' a dúirt an sagart.

'Níl Sarah básaithe ar chor ar bith,' a dúirt Ned.

Bhreathnaigh an sagart ar an mbeirt.

'Níl Sarah básaithe,' a dúirt sé.

'Níl,' a dúirt Ned, agus é ag taispeáint an tsreangscéil ón ospidéal dó san am céanna. Léigh an sagart é. Rinne sé miongháire.

'Nach uafásach an phraiseach atá déanta den scéal seo,' a dúirt sé.

'Tá an scéal mar sin,' a dúirt an bheirt.

'Ach nach cuma anois,' a dúirt Cóil Mór, 'nach dea-scéala atá againn?'

'Is dea-scéala é go cinnte,' a dúirt an sagart, 'ach céard atá le déanamh agaibh anois?'

'Bhuel,' a dúirt Ned, 'tá muintir an bhaile cinnte go mbeidh sochraid Sarah ann amárach tar éis aifreann an mheán lae agus caithfear é seo a insint dóibh. Bhí muid ag ceapadh gur tú féin ab fhearr leis an scéal seo a chur in iúl don phobal le cúpla focal a rá faoi ag an gcéad aifreann.'

'Tá go maith,' a dúirt an sagart, 'déanfaidh mise é sin agus fáilte agus beidh gach rud ceart.'

'Bhuel,' a dúirt Cóil, 'caithfidh muid dul isteach chuig an ospidéal an tráthnóna seo agus Sarah a thabhairt abhaile más féidir aon charr a fháil ar an mbaile.'

'Beidh mé féin ag dul don bhaile mór tráthnóna,' a dúirt an sagart, 'agus is féidir le cúpla duine agaibh teacht liom. Beidh mé thuas tigh Pháidín faoi cheann uair an chloig nó mar sin.'

'Go raibh míle maith agat,' a dúirt an bheirt agus d'imigh siad abhaile.

Ar an mbealach abhaile dóibh, bhí an bheirt ag caint faoin scéal seo a cuireadh amach chuig Páidín faoina mháthair.

'Muise, is beag an t-airdeall atá acu san ospidéal ar dhaoine bochta,' a dúirt Cóil Mór, 'agus is dócha nach raibh riamh.

'Bhuel,' a dúirt Ned, 'ní hé sin ach é seo. Céard faoin bpoitín a raibh muid ag caint faoi i gcomhair na hoíche?'

'Ó,' a dúirt Cóil, 'níl mé ag déanamh aon dearmad air sin. Rachaidh Nóra agus Páidín isteach leis an sagart, agus nuair a bheas siad imithe, rachaidh mise ar thóir braoin.'

'Deas go leor,' a dúirt Ned. Nuair a shroich siad an teach, ní raibh ann ach Nóra agus Andy.

'Céard mar a d'éirigh libh?' a dúirt Nóra.

'Go rímhaith,' a dúirt Ned.

'Is dócha,' a dúirt sí, 'go raibh an sagart iontach go leor faoi scéal Sarah.'

'M'anam go raibh,' a dúirt Ned. 'Beidh sé féin ag dul chuig an mbaile mór agus tabharfaidh sé Sarah abhaile. Rachaidh tú féin agus Páidín in éineacht leis.'

'Deas go leor,' a dúirt Nóra.

'Beidh sé aníos faoi cheann uaire nó mar sin,' a dúirt Ned, 'ach cá bhfuil Páidín?'

'Chuaigh sé soir chuig an siopa leis an scéala seo a insint do Shíle. Is gearr go mbeidh sé ar ais,' a dúirt Nóra.

Nuair a chonaic Síle Páidín ag teacht isteach an tsráid ag rith agus ag gáire, bhuail faitíos í. Cheap sí go raibh sé as a chiall. Isteach leis sa siopa.

'A Shíle,' a dúirt sé, 'tá dea-scéala againn. Níl Mama básaithe ar chor ar bith. Tá mé tar éis sreangscéal a fháil ón ospidéal ag rá liom go bhfuil sí sách maith anois le dul abhaile. Tá Cóil Mór agus Ned imithe síos go dtí an sagart leis an scéal seo a insint dó. Is cosúil gur bean eile den ainm céanna a bhásaigh agus de dhearmad is chugamsa a chuir siad an scéala.'

Bhí Síle ina staic, agus í ag ceapadh go raibh Páidín as a mheabhair. Ag an am céanna tháinig Peigín, bean Bheairtle na Céibhe, isteach sa siopa, bean an fhir a rinne an *worm* d'athair Pháidín roinnt blianta roimhe sin. Chuala sise ar an mbealach nach raibh Sarah básaithe. Nuair a chonaic sí Páidín rinne sí scairt de gháire. Chroith sí lámh leis.

'Tá dea-scéala agat, a Pháidín,' a dúirt sí, 'agus is maith linn ar fad an dea-scéala sin.'

'Tá a fhios agam,' a dúirt Páidín, 'agus go raibh míle maith agaibh.'

Anois chreid Síle scéal Pháidín agus rinne sí comhghairdeas leis.

'Cheap mé,' a dúirt sí, 'gur as do mheabhair a bhí tú nuair a d'inis tú an scéal seo dom.'

'Anois,' a dúirt Páidín, 'caithfidh mé dul abhaile mar beidh muid ag dul chuig an ospidéal le Mama a thabhairt abhaile.'

D'iarr sé ar Shíle dul siar chuig an teach tráthnóna mar go mbeadh áthas ar a mháthair í a fheiceáil. Bhuail sé siar abhaile. Bhí áthas mór air nuair a d'inis Cóil Mór dó go raibh an sagart le Sarah a thabhairt abhaile.

Ba ghearr gur tháinig an sagart.

'Anois, a Pháidín,' a dúirt sé, 'tá áthas orm an dea-scéala seo a chloisteáil. Nach uafásach an chiseach a rinne siad san ospidéal faoi seo. Fíormhíchúramach ar fad,' a dúirt sé. 'Tá mé ar mo bhealach isteach anois,' a dúirt sé. 'Cé atá ag teacht liom?'

'Nóra agus mé féin,' a dúirt Páidín.

Sular fhág siad an teach, dúirt an sagart gan an scéal seo a insint do Sarah nó go mbeadh sí sa mbaile, mar b'fhéidir nach rachadh sé rómhaith di ar an mbealach. Ansin d'imigh siad leo. Nuair a bhí siad imithe tamall, chuaigh Cóil ar thóir cúpla buidéal poitín i gcomhair na hoíche. D'fhan Ned ag an teach. Níor thóg sé i bhfad ar Chóil an poitín a fháil. Bhí sé ar ais taobh istigh d'uair an chloig agus dhá bhuidéal breá poitín aige agus ceann eile a thug Séamus Mór, fear an phoitín dó in aisce, mar bhí ríméad airsean freisin nuair a d'inis Cóil dó faoi Sarah Tom Bán agus an scéala mór bréagach a bhí ar fud na háite go raibh sí básaithe.

'Bhuel,' a dúirt Ned.

'Ní raibh tú i bhfad.'

'Ní dhearna mé aon mhoill,' a dúirt Cóil, 'mar b'fhéidir gur gearr go mbeadh siad sin ar ais.'

Thug sé na trí bhuidéal do Ned.

'Tá trí cinn agat,' a dúirt Ned.

'M'anam go bhfuil,' a dúirt Cóil, 'fuair mé ceann acu in aisce ó Shéamus mar d'inis mé dó faoi scéal Sarah.' Rinne Ned gáire.

'Nach fearr dúinn gloine a bheith againn nuair nach bhfuil aon duine thart.'

'Diabhal locht air,' a dúirt Cóil. Fuair sé dhá ghloine. Líon sé suas iad. Thug sé ceann do Ned. Bhlais Ned de. 'Togha braon,' a dúirt sé.

Bhain Cóil bolgam as a cheann féin agus chroith sé a chloigeann. 'Ó,' a dúirt sé, 'nach ola an chroí é.' Rinne Ned gáire.

Nuair a bhí an braon sin ólta acu, dúirt Cóil go mbeadh braon eile acu.

'Ó, ní bheidh,' a dúirt Ned, 'beidh muid súgach.'

'Muise,' a dúirt Cóil, 'chuala mé riamh nach bhfuil aon sólás ag aon fhear ach an t-am a mbíonn sé súgach nó ina chodladh.'

'Tá go maith,' a dúirt Ned, 'beidh braon beag eile againn, agus sin é an méid go fóill, tá an oíche fada.'

'Anois,' a dúirt Cóil, 'ba cheart go mbeadh siad ag an ospidéal faoin am seo agus is gearr go mbeidh siad ar ais.'

Nuair a shroich siad an t-ospidéal dúirt an sagart leo go raibh beagán le déanamh aige sa mbaile mór ach go mbeadh sé ar ais go luath. Chuaigh Nóra agus Páidín isteach san ospidéal. Chuir siad tuairisc cén barda ina raibh sí. Ina suí ar an leaba a bhí Sarah agus í ag léamh irise, *The Far East*, nuair a shiúil siad isteach. Nuair a chonaic Sarah iad, d'éirigh sí den leaba le huafás, agus thit an iris óna dhá lámh. Chuir sí a dhá lámh timpeall ar an mbeirt agus phóg sí iad.

'Muise, cén chaoi a bhfuil tú?' a dúirt Nóra.

'Go rímhaith,' a dúirt Sarah. 'Cé mar atá sibh féin ó shin?'

'Go rímhaith,' a dúirt an bheirt.

'Bhí mé ag súil libh tráthnóna inné,' a dúirt Sarah, 'agus bhí imní orm nuair nár tháinig sibh.'

'Muise,' a dúirt Páidín, 'ní raibh sé éasca carr a fháil.'

'Cén bealach atá agaibh anois?' a dúirt Sarah.

'An sagart,' a dúirt Páidín, 'agus murach é bheimis i dteannta.'

'Cá bhfuil sé anois?' a dúirt Sarah.

'Beidh sé ar ais go gairid,' a dúirt Nóra. 'Tá rudaí le déanamh aige sa mbaile mór.'

Chaith siad píosa maith ag fanacht leis an sagart.

'A Mhama,' a dúirt Páidín, 'ní hé seo an barda a raibh tú an t-am deiridh a raibh mise istigh.'

'Ní hé,' a dúirt Sarah, 'mar an tráthnóna céanna d'athraigh mé aníos anseo. Is dócha go raibh an áit a raibh mé ag teastáil le haghaidh mná eile a bhí níos measa ná mise.'

'B'fhéidir é,' a dúirt Páidín, agus bhreathnaigh sé ar Nóra, 'agus b'fhéidir an bhean sin ar an ainm céanna leatsa,' a dúirt sé.

'Níl a fhios agam, a stór,' a dúirt Sarah.

Rinne an bheirt gáire. 'Cén fáth an gáire?' a dúirt Sarah.

'Ag gáire le háthas atá muid,' a dúirt Nóra, 'agus tú ag dul abhaile in éineacht linn.'

Bhí gach tuairisc ag teastáil ó Sarah.

'Muise, mo chuimhne, a Pháidín,' a dúirt sí, 'an bhfuair tú an dól?'

'Diabhal dól fós,' a dúirt Páidín. Bhí Páidín ag coinneáil súile leis an sagart. Sa deireadh chonaic sé ag teacht é, agus amach leo. Chuir an sagart fáilte roimh Sarah agus dúirt sé go raibh ríméad air go raibh sí go maith ina sláinte arís.

'Tabhair aire mhaith duit féin uaidh seo amach,' a dúirt sé, 'agus ná bac leis na cearca.' Thugadar a n-aghaidh ar an mbaile.

Bhí Ned agus Cóil ansin agus lán an teallaigh de thine bhreá lasta acu agus iad ag súil ar ais leo nóiméad ar bith. Bhí Síle, bean an tsiopa, ann chomh maith. Níor fhan sí go mbeadh Sarah sa mbaile mar a dúirt Páidín léi a dhéanamh mar smaoinigh sí nach mbeadh rudaí curtha i gcaoi cheart roimh Sarah agus gur dheas an rud béile beag deas a bheith réidh roimpi agus sin é a rinne sí.

Thug sí ciseán bia agus deoch tigh Pháidín, an rud céanna a rinne sí cúpla lá roimhe sin agus bhí gach rud réitithe go deas aici roimh Sarah. Ba ghearr go raibh siad ar ais. Bhí na mílte fáilte roimh Sarah. Chuir Síle a dhá lámh timpeall uirthi agus phóg sí í. Rinne Cóil agus Ned an rud céanna. Bhí Sarah iontach go leor as an réiteach a bhí déanta ag Síle agus ghlac sí buíochas léi faoi.

'Bhuel, a Mhama,' a dúirt Páidín, 'tá níos mó ná sin déanta ag Síle domsa le cúpla lá ach beidh muid in ann é a chúiteamh léi am éigin.'

'Ní dhéanfaidh muid dearmad air sin,' a dúirt Sarah. Chuir an méid sin cainte ríméad ar Shíle freisin, cé nár lig sí tada uirthi féin ag an am. Ba bhreá léi an méid a bhí le rá ag Páidín fúithi.

'Muise,' a dúirt Sarah, agus í fós ina seasamh i lár an urláir, 'nach iontach an réiteach atá déanta agaibh,' a dúirt sí. 'Nach breá an suáilceas í an tine agus an bord breá bia seo. Go raibh míle maith agaibh uilig.'

Shuigh sí isteach ag an mbord ag ithe agus ag caint. 'Ar tharla aon rud iontach ar an mbaile ó shin?' a dúirt Sarah.

Níor labhair aon duine focal ar feadh cúpla nóiméad. Is é Cóil Mór a labhair.

'Bhuel,' a dúirt Cóil, 'ós rud é gur chuir tú an cheist tá sé chomh maith anois gach rud a tharla le cúpla lá a insint duit.'

'Ach céard é?' a dúirt Sarah.

Thosaigh cuid acu ag gáire, fad is a bhí Cóil ag insint di faoin tslí ar cheap siad go léir go raibh sí marbh, agus go raibh tórramh acu di. Nuair a bhí deireadh ráite thosaigh Sarah ag sileadh na ndeor.

'Cén fáth an caoineadh?' a dúirt Ned. 'Ní tórramh atá againn anocht, buíochas le Dia, ach spórt agus greann!'

'Tabhair amach buidéal, a Chóil,' a dúirt Ned, 'agus beidh braon againn.'

Fuair Cóil an buidéal. Líon sé gloine bhreá dó féin agus do Ned. Thug sé braon beag do Sarah agus do Nóra. Níor ól Páidín ná Síle aon deoir. Ba ghearr gur tháinig Andy Beag. Chuir sé fáilte roimh Sarah.

'Tháinig tú san am ceart,' a dúirt Ned. Líon sé gloine d'Andy.

'Seo anois,' a dúirt Ned, 'agus is maith an airí ort é. Ba mhaith é do chúnamh le cúpla lá.'

Bhí Síle ag súil isteach le Willie Rua agus le Deirdre, mar bhíodar le teacht ar cuairt ag Sarah agus go mbeadh sí féin abhaile in éineacht leo mar bhí sé dorcha go leor ag an am seo. Ba ghearr gur tháinig siad agus cáca mór milis acu do Sarah. Chuir siad a lámha timpeall uirthi agus phóg siad í.

Anois, ní ag caoineadh a bhí Sarah ach ag gáire. B'fhéidir gurbh é an braoinín poitín a thug misneach di. Tar éis píosa tháinig Beairtle na Céibhe agus a bhean Peigín. Bhí na mílte fáilte ag Sarah rompu, ní nárbh ionadh, mar ba é Beairtle na Céibhe a rinne an *worm* do Tom Bán roinnt blianta roimhe sin. Nuair a bhíodh Tom Bán ag déanamh poitín níor thóg Beairtle na Céibhe pingin rua riamh ó Tom Bán ar an *worm*.

Shuigh siad síos ag caint. Réitigh Nóra tae do Pheigín agus do chlann Shíle, gloine mhór de phoitín a bhí ag Beairtle na Céibhe, bhí braon eile ag Ned agus ag Cóil. Ba ghearr go raibh neart cainte ag na fir.

'Bhuel, a Sarah,' a dúirt Beairtle na Céibhe, 'chuir an scéala mór bréagach muid trína chéile le cúpla lá, ach bhí dea-scéala ag Peigín dom nuair a tháinig sí ón siopa.'

'Nach iontach an dearmad a rinne siad san ospidéal.'

Bhí Síle agus a clann ag fáil faoi réir le dul abhaile ag an am seo. Ghlaoigh Sarah siar sa seomra ar Shíle. Ghlac sí buíochas léi faoi gach rud a rinne sí do Pháidín. 'Ní dhéanfaidh mé dearmad go deo ar gach rud a rinne tú,' a dúirt sí, 'ná bíodh imní ort.'

'Muise, a Sarah, a stór,' a dúirt Síle, 'tá imní orm mar atá mé, agus ní mar gheall ar aon ní a rinne mé do Pháidín, ach rud nach bhfuil éasca a leigheas.'

'Muise, céard é?' a dúirt Sarah, 'nó meas tú an mbeadh muide in ann aon chabhair a thabhairt duit?'

'B'fhéidir é,' a dúirt Síle, 'ach inseoidh mé mo scéala duit lá éigin a mbeidh tú thoir ag an siopa.'

'Tá go maith,' a dúirt Sarah, 'beidh mé soir i gceann cúpla lá.'

D'imigh Síle agus a clann.

Thug Ned gloine eile do Bheairtle na Céibhe.

'M'anam,' a dúirt Tom, 'gur maith é.'

'Tá sé go maith,' a dúirt Ned, 'ach b'fhearr an braon a bhíodh anseo ag Tom Bán nuair a mhair sé.'

'Meas tú,' a dúirt Tom, 'céard a tharla don *worm* sin a rinne mé dó?'

'Tá sí slán sábháilte,' a dúirt Ned, 'san áit nach bhfuil sé éasca ag na Gardaí í a fháil. Tá sí sa draein teorann ansin thoir agus ceithre troithe d'uisce os a cionn agus fiú amháin sa samhradh ní bhíonn an t-uisce mórán níos ísle sa draein sin.'

'Bhuel,' a dúirt Tom, 'níl na Gardaí óga seo le trust agus má bhíonn tóraíocht ann uair ar bith is ina leithéid sin d'áit a bheadh súil acu leis.'

'B'fhéidir gur fíor sin,' a dúirt Ned.

Bhí sé ag teannadh amach san oíche faoin am seo. Dúirt Peigín, bean Tom, go raibh sé in am dul abhaile agus go raibh Sarah bhocht tuirseach tar éis an ospidéil agus gach rud.

'Is fíor sin, a Pheigín,' a dúirt Cóil Mór, 'ach beidh leath ár mbéil eile againn agus ansin rachaidh muid uilig abhaile.' Líon Ned braon eile don triúr acu. Tar éis píosa eile cainte agus deoch an dorais ólta, d'fhág siad slán ag Sarah agus Páidín agus bhuail siad abhaile. D'fhan Andy Beag tamall ina ndiaidh. Tar éis píosa d'imigh Andy chomh maith.

Anois bhí Sarah agus Páidín leo féin go socair sásta. D'inis Páidín dá mháthair gach rud a rinne Síle dó agus dúirt sí go raibh gach rud in aisce. Bhí ionadh ar Sarah go ndearna sí an méid sin, ach dúirt sí le Páidín go mbeadh sí ag caint léi arís i gceann cúpla lá. Sa deireadh chuaigh siad a chodladh.

Bhí Páidín ina shuí go moch ar maidin agus ríméad an domhain air anois mar bhí a mháthair in éineacht leis arís, rud nach raibh súil aige leis cúpla seachtain roimhe sin. Dúirt sé léi fanacht ar an leaba píosa maith den lá. Thart ar mheán lae chonaic Páidín carr ag teacht aníos an bóithrín. Shiúil sé amach ar an tsráid. Ar deireadh thiar, ba chigire ó oifig an dóil a bhí ann agus nach fada a bhí Páidín ag súil leis. Níor chuir sé mórán ceisteanna ar Pháidín. Dúirt sé go raibh brón air faoin moill a bhí air seo.

'Ach is cuma,' a dúirt sé, 'mar gheobhaidh tú íocaíocht ar gach seachtain ón dáta ar chuir tú isteach air.'

'Tá sin ceart go leor,' a dúirt Páidín. Dúirt sé go mbeadh a chuid airgid aige faoi cheann seachtaine nó mar sin, agus ansin d'imigh sé. Isteach le Páidín go dtí a mháthair. D'inis sé an scéal di. Chuir sin ríméad ar a mháthair chomh maith.

'Anois,' a dúirt sí, 'beidh muid in ann beagán a íoc le Síle go gairid le cúnamh Dé, agus gheall mé di go rachainn soir chuici i gceann cúpla lá.'

Tar éis cúpla lá chuaigh Sarah soir chuig Síle. Bhí fáilte mhór ag Síle roimpi. Shuigh siad síos ag caint. D'inis Sarah di go raibh cigire ó oifig an dóil ag Páidín cúpla lá roimhe sin agus gur gearr anois go mbeadh an dól aige agus go mbeidís in ann na rudaí a thug sí do Pháidín a íoc léi.

'Ó,' a dúirt Síle, 'níl tada le híoc agat liomsa, agus ná ceap gur i ngeall air sin a dúirt mé leat an oíche cheana go raibh imní orm.'

'Muise, tá a fhios agam nach ea,' a dúirt Sarah, 'ach cén fáth an imní?'

'Muise,' a dúirt Síle, 'nach fearr dom mo scéal a insint duit? Tá dhá chúis imní agam. Ceann amháin, níl mé féin ag aireachtáil rómhaith le tamall. Tá an tinneas céanna a bhí orm i Sasana roinnt blianta ó shin ag priocadh liom arís, agus dá dhonacht é sin, tá rud eile atá ag briseadh mo chroí.'

'Céard é sin?' a dúirt Sarah.

'Bhuel,' a dúirt Síle, 'tá Willie Rua ag smaoineamh dul ar ais go Sasana arís agus ní maith liom é sin mar ní áit mhaith dó é. Níl aon suim aige sa siopa seo aige. Is iontach an rud é go bhfuil an-suim aige i bhfeirmeoireacht ach níl ach beagán talún againne agus níl aon mhaith sa méid sin dó. Tá mo chroí briste oíche agus lá ag cuimhneamh air.'

'Muise, an mar sin é?' a dúirt Sarah. 'Tá píosa mór talún againne agus ní bhainfidh Páidín úsáid den cheathrú cuid de go brách mar níl aon spéis aige i bhfeirmeoireacht, agus dá dtugadh sé leath do Willie, meas tú an ndéanfadh sé sin aon mhaith?' a dúirt Sarah. 'Más féidir, ní ligfidh muid go Sasana é.'

'Muise, go raibh míle maith agat,' a dúirt Síle.

'Anois,' a dúirt Sarah, 'inseoidh mé do Pháidín faoi seo nuair a rachaidh mé siar agus tá mé cinnte go mbeidh sé sásta rud ar bith a dhéanamh duit féin agus do Willie, agus b'fhéidir go dtiocfadh muid aniar anocht mar gheall air seo, agus abair le Willie a bheith anseo, agus b'fhéidir go socródh muid an scéal.'

'Tá go maith, a stór,' a dúirt Síle, 'inseoidh mise do Willie faoi seo.'

D'imigh Sarah siar abhaile. D'inis sí an scéal do Pháidín faoi Shíle agus faoi Willie Rua. Bhí Páidín ag éisteacht léi.

'Muise, nach mór an trua í,' a dúirt sé, 'agus ba mhaith í nuair a bhí mise i dtrioblóid.'

'Ar mhiste leatsa cuid den talamh a thabhairt dó, dá mba mhaith leis é?' a dúirt a mháthair.

'M'anam nach miste,' a dúirt Páidín. 'Níor mhiste liomsa dá

mbeadh an áit ar fad aige, mar is cara mór liom é chomh maith. Ní mórán úsáide a dhéanaimid den mhéid sin talún.'

'Dúirt mé le Síle gurbh fhéidir go rachaimis soir anocht,' a dúirt a mháthair.

'Tá go maith,' a dúirt Páidín.

Le titim na hoíche bhuail siad soir tigh Shíle. Bhí Willie agus Deirdre ann chomh maith. D'éirigh croí Shíle nuair a chonaic sí iad mar anois bhí seans aici an *favour* a iarraidh, an rud a bhí ar intinn aici le tamall anuas. Chuir sí fáilte rompu. Shuigh siad síos ag caint.

'Cén chaoi a bhfuil do chuid caorach tar éis na drochaimsire, a Pháidín?' a dúirt Willie.

'Ó go maith,' a dúirt Páidín, 'ní chuireann sioc as mórán do chaoirigh, is é an sneachta is measa dóibh.'

'An bhfuil mórán den chnoc agatsa?' a dúirt Willie.

'Bhuel,' a dúirt Páidín, 'tá an bhaint chéanna ag gach duine ar an mbaile leis, tusa agus mise agus gach duine gur mhaith leo é, mar is coimín é.'

'An mar sin é?' a dúirt Willie.

'An mbeadh suim i bhfeirmeoireacht agat?' a dúirt Páidín.

'Ó,' a dúirt Willie, 'tá an-suim agam ann ach níl mórán talún againne.'

'Muise, tá roinnt mhaith againn,' a dúirt Páidín, 'agus níl muid ag baint úsáide as an gceathrú cuid de, agus más maith leat, bain úsáid as saor in aisce.'

'Go raibh míle maith agat,' a dúirt Willie, 'ach ní mar sin ba mhaith liom talamh a bheith agam, ba mhaith liom talamh i m'ainm féin.'

Bhí Síle agus Sarah ag éisteacht leo. Ba ghearr gur labhair Sarah.

'Céard faoi mhalairt a dhéanamh idir an dá áit,' a dúirt sí, 'sibhse a dhul siar agus muide a theacht aniar agus ansin bheadh roinnt mhaith talún agat chomh maith le do chuid den choimín.'

'M'anam,' a dúirt Willie, 'go bhfuil sé sin rómhaith.'

'Céard a déarfá, a Pháidín?' a dúirt Síle. 'Bheadh an áit seo agus an siopa agaibh agus an méid talún atá ann.'

'Má tá mo mháthair sásta,' a dúirt Páidín, 'tá mise ríshásta leis an athrú seo.'

'M'anam,' a dúirt Sarah, 'go bhfuil mise sásta agus gur mhaith liom a bheith ag plé le siopa, mar chaith mé píosa mór de mo shaol ag obair in Oifig an Phoist ar an mbaile seo sular phós mé Tom Bán agus bhí orm obair an tsiopa a bhí ann a dhéanamh chomh maith.'

'Muise,' a dúirt Síle, 'ní haon stró ortsa obair an tsiopa seo a dhéanamh, mar sin.'

'Bhuel,' a dúirt Willie, 'tá an méid seo ceart go leor, ach céard faoi Dheirdre?'

'Bhuel,' a dúirt Deirdre, 'ná bac liomsa, mar tá rún agam dul ar ais go Sasana go dtí m'aint. Bíonn sí ag scríobh chugam go minic, agus do m'iarraidh anonn mar níl aon duine aici anois agus b'fhéidir gurb é sin m'áitse fós. Tá mise ríshásta leis an socrú atá déanta idir tú féin agus Páidín mar tá a fhios agam go bhfuil mo mháthair sásta leis chomh maith.'

'M'anam, a Dheirdre,' a dúirt a máthair, 'go bhfuil mise sásta leis an socrú seo agus níl aon locht agam ar an rún atá tú féin a dhéanamh. Tá a fhios agam go mbeidh d'aint chomh maith duit is a bheinn féin.'

'Tá mé cinnte de sin,' a dúirt Deirdre.

'Meas tú,' a dúirt Willie, 'céard é an chéad rud eile atá le déanamh leis an socrú seo a bheith déanta gan locht ná murach?'

'Caithfidh muid aturnae a fheiceáil faoi seo agus cuirfidh seisean gach rud i gceart dúinn agus íocfaidh mise an costas,' a dúirt Síle.

'Bhí tú go maith gach lá riamh,' a dúirt Páidín.

An tseachtain dár gcionn chuaigh siad chuig aturnae. D'inis siad an scéal dó, céard a bhí siad ag iarraidh a dhéanamh. Thóg seisean roinnt nótaí ó Pháidín agus ó Willie. Bhí na cáipéisí a bhain leis an talamh ag an mbeirt acu. Rinne an t-aturnae scrúdú ar na cáipéisí agus dúirt sé leo nach aon trioblóid é seo a dhéanamh ach go mbeadh cúpla seachtain nó níos mó moille ann, agus go gcuirfeadh sé scéala chucu, nuair a bheadh gach rud réidh. Nuair a bhí an méid sin déanta, thug siad a n-aghaidh ar an mbaile agus iad sásta go leor

leo féin, go mór mór Síle, mar an *favour* a raibh rún aici a iarraidh
ar Pháidín agus ar a mháthair, bhí sé aici anois gan é a iarraidh
díreach glan uirthi amach is amach. Ach bhí sé le tuiscint ag Páidín
agus ag a mháthair de réir a cuid cainte agus an scéal faoi Willie Rua
gurbh é an talamh a bhí uaithi.

Nuair a tháinig siad ar ais bhí tae acu tigh Shíle. Chaith Sarah
agus Páidín píosa in éineacht leo.

'Is dócha,' a dúirt Páidín, 'go mbeidh roinnt moille ar obair an
aturnae sula mbeidh gach rud réidh aige.'

'Is dócha é,' a dúirt Willie.

'Cosúil leis an moill atá ar mo chuid dóil,' a dúirt Páidín. Tar éis
píosa chuaigh Páidín agus a mháthair siar abhaile. Cheap siad nach
raibh aon eolas ag aon duine ar an mbaile faoin rud seo a bhí á
dhéanamh acu féin agus ag Síle an tsiopa, ach bhí beagán luaidreáin
ar fud an bhaile faoi. Ní raibh Sarah agus Páidín i bhfad ar ais agus
Sarah ag feistiú na tine, nuair a tháinig iníon fhear an Phoist, Katty,
agus litir dóil do Pháidín aici. Dúirt sí go raibh a hathair, Beairtlín
an Phoist, mar a thugtaí sa mBaile Rua air, ag an teach ar maidin ach
nach raibh aon duine anseo. Cheap sé an litir a choinneáil nó go
mbeadh siad ar ais mar cheap sé gur litir dóil an litir seo. Ghlac
Sarah agus Páidín buíochas le Katty. Ní dhearna sí mórán moille.
Bhí sí ina seasamh ag an mbord i gcaitheamh an ama. Níor mhiste
le Katty an seans a fháil le seasamh tigh Sarah mar bhí an luaidreán
céanna cloiste aici agus a bhí ag cuid eile den bhaile. Bhí sí féin agus
Willie Rua ag siúl amach le chéile le tamall anuas agus cé nár inis
Willie aon ní di faoi seo, fós bhí súil aici gurbh aici féin agus ag
Willie a bheadh tigh Sarah amach anseo. Nuair a d'imigh Katty
chuaigh Sarah síos píosa den bhóithrín léi agus ghlac sí buíochas léi
arís faoin litir. Nuair a tháinig Sarah ar ais bhí an litir oscailte ag
Páidín.

'An bhfuil aon airgead inti?' a dúirt Sarah.

'Ní cheapfainn go bhfuil,' a dúirt Páidín. 'Dhá fhoirm bheaga
shuaracha atá ann,' a dúirt sé. Bhreathnaigh a mháthair orthu.

'Tá airgead an dóil agat!' a dúirt sí.

'Cá mhéad atá ann?' a dúirt Páidín.

'Deich bpunt,' a dúirt a mháthair.

'Deich bpunt sa tseachtain,' a dúirt Páidín, 'nach breá é.'

'Ó,' a dúirt a mháthair, 'níl an méid sin ann sa tseachtain, ach sin é ar fad é ón dáta ar chuir tú isteach air.'

'An mar sin é?' a dúirt Páidín. 'Ní mórán sa tseachtain é mar sin.'

'Is cuma,' a dúirt a mháthair, 'is fearr leathbhuillín ná a bheith gan arán.'

An tseachtain dár gcionn fuair Páidín trí phunt dóil. Bhí sé sásta go leor leis an méid sin.

Lá arna mhárach thart ar mheán lae tháinig Ned Mór ar cuairt tigh Sarah. Shuigh sé féin agus Sarah síos ag caint. Chuir sé tuairisc cá raibh Páidín. Dúirt Sarah go ndeachaigh sé soir chuig an siopa.

'An mar sin é?' a dúirt Ned.

'An raibh sé ag teastáil uait le haghaidh gnó ar bith?' a dúirt Sarah.

'Ó, ní raibh,' a dúirt Ned, 'ach cogar mé leat, an fíor an luaidreán atá ag dul thart go bhfuil sibh féin agus Síle an tsiopa ag babhtáil áite?'

Rinne Sarah gáire. 'M'anam gur fíor,' a dúirt sí, 'más le maith nó olc é.'

'Muise go n-éirí sin libh,' a dúirt Ned. 'Diabhal locht ar bith ar do scéal ach cén t-am a mbeidh sibh ag athrú?'

'Beidh beagán moille ann fós,' a dúirt Sarah, 'mar tá an scéal seo i lámha an aturnae agus tógann rud mar seo roinnt ama.'

'Ó, tá a fhios agam go dtógann,' a dúirt Ned, 'mar tá deirfiúr Nainín Mháirtín, Jude, ag iarraidh a hainm a chur leis an áit i bhfad sular bhásaigh Nainín agus tá sé mar sin fós gan tús ná deireadh.'

'Muise, an mar sin é?' a dúirt Sarah.

Ba ghearr gur tháinig Páidín isteach. D'éirigh Ned agus chroith sé lámh le Páidín.

'Comhghairdeas, a Pháidín,' a dúirt sé.

'Céard é seo?' a dúirt Páidín.

'An scéal nua seo atá ar fud an bhaile,' a dúirt Ned. 'An-athrú atá déanta agat féin agus ag Willie Rua agus go n-éirí sé go geal libh.'

'Go raibh maith agat,' a dúirt Páidín. 'Muise,' a dúirt sé, 'nach gearr a bhíonn scéal ag scaipeadh, agus gan an scéal seo réidh ar chor ar bith go ceann tamaill mhaith eile.'

'Is cuma,' a dúirt Ned, 'ach is dócha go mbeidh sé amhlaidh am éigin.'

'Tá súil agam go mbeidh,' a dúirt Páidín.

D'imigh mí agus dhá mhí thart ach fós ní raibh aon scéal ann ón aturnae. Bhí imní ar Pháidín go raibh níos mó trioblóide ag baint le hobair den tsórt seo ná mar a cheap siad, ach ag deireadh an tríú mí fuair siad scéal ón aturnae go raibh gach rud réidh aige anois agus go bhféadfaidís teacht chuig a oifig am ar bith.

Tar éis cúpla lá chuaigh siad ar ais chuig an aturnae. Thug seisean a gcuid cáipéisí féin do gach dream acu agus dúirt sé leo gurbh fhéidir leo anois dul ar aghaidh le pé obair a raibh rún acu a dhéanamh. D'íoc Síle an costas ar fad. Ansin d'fhill siad ar an mbaile. Nuair a shroich siad tigh Shíle, bhí braon tae acu. Díreach mar a bhí acu trí mhí roimhe sin, nuair a tháinig siad ar ais ón aturnae agus a gcás curtha in iúl acu dó.

Anois bhí socrú eile le déanamh, rudaí le hathrú ó theach go teach eile, rud eile nach raibh éasca a dhéanamh. Dúirt Willie go mbeadh sé féin sásta gan aon athrú rudaí a bheith i gceist soir nó siar mar go raibh teach acu chomh maith leis an teach eile, agus gach rud a bhí iontu, má bhí Sarah agus Páidín sásta. Dúirt Sarah agus Páidín go raibh siad ríshásta leis sin agus go mbeadh gach rud i bhfad níos éasca.

'Tá go maith,' a dúirt Willie, 'nach bhfuil sé chomh maith dúinn dul ar aghaidh leis an athrú seo lá éigin an tseachtain seo chugainn? B'fhéidir Déardaoin,' a dúirt sé.

'Tá sin ceart go leor,' a dúirt Páidín.

Tar éis píosa bhuail Sarah agus Páidín siar abhaile. Luath go maith san oíche, tháinig Cóil Mór agus a bhean Nóra ar cuairt tigh Sarah. Bhíodar tar éis an scéala seo a chloisteáil. Shuigh siad ag caint.

'An fíor mar a chuala muid?' a dúirt Cóil, 'go bhfuil sibh féin agus Síle ag babhtáil áite?'

'M'anam gur fíor,' a dúirt Sarah,' más maith nó olc é.'

'Maith le cúnamh Dé,' a dúirt Nóra, 'agus beidh muid isteach go minic chugaibh anois mar gheall ar an siopa.'

'Go raibh míle maith agat,' a dúirt Sarah.

'Meas tú cén lá a mbeidh sibh ag athrú?' a dúirt Ned.

'Bhuel,' a dúirt Sarah, 'cheap Willie Rua Déardaoin seo chugainn.'

'Déardaoin,' a dúirt Cóil, agus rinne sé stad beag. 'Bhuel,' a dúirt sé, 'dá mba mise sibhse ní dhéanfainn athrú aon Déardaoin.'

'Tuige?' a dúirt Sarah.

'Ar chuala tú caint riamh ar Dhéardaoin Dhearg?' a dúirt Cóil.

'Chuala,' a dúirt Sarah.

'Tá sé ráite,' a dúirt Cóil, 'go bhfuil a leithéid ann ach nach bhfuil a fhios ag aon duine cén Déardaoin den bhliain é, ach go mbíonn sé ann gach seachtú bliain, agus dá dtarlódh sé gurb é Déardaoin seo chugainn Déardaoin Dhearg ní móide go mbeadh mórán toraidh ar a gcuid oibre, nó b'fhéidir gur ar ais san ospidéal a bheifeá ar chúl do chinn arís.'

Rinne Nóra gáire faoi scéal Chóil.

'M'anam,' a dúirt Sarah, 'gurbh fhéidir go bhfuil an ceart aige. Nach fearr dúinn fanacht anois go hAoine?'

Rinne Cóil gáire. 'Bhuel, a Sarah,' a dúirt sé, 'má tá rún agaibh athrú Dé hAoine, bígí siúráilte nach é an tríú lá déag den mhí é, mar níl Aoine ar an tríú lá déag molta ach oiread. Tá daoine go leor,' a dúirt sé, 'agus ní rímhaith leo dul taobh amuigh den doras Aoine an tríú lá déag, ag déanamh aon ní.'

'Anois, a Chóil,' a dúirt Sarah, 'cén lá ab fhearr dúinn athrú?'

'Bhuel,' a dúirt Cóil, 'chuala mé riamh é, Dé Luain soir agus Dé Máirt siar, agus gurbh iad sin an dá lá is fearr den tseachtain.'

'Go raibh míle maith agat,' a dúirt Sarah. 'Inseoidh mé é sin do Willie agus do Shíle amárach.'

Lá arna mhárach chuaigh Sarah soir tigh Shíle. Bhí Willie agus Deirdre ann. Chaith sí píosa den lá in éineacht leo.

'Meas tú,' a dúirt Willie, 'an mbeidh muid ag athrú Déardaoin, in ainm Dé, mar a cheap muid?'

'Bhuel,' a dúirt Sarah, 'bhí Cóil Mór agus Nóra thiar againne aréir, chuir sé tuairisc cén lá a mbeimis ag athrú agus dúirt mise Déardaoin. Mhol sé dúinn gan athrú Déardaoin.'

'B'fhéidir,' a dúirt Síle, 'go bhfuil an ceart aige. Bíonn ciall go leor lena chuid cainte. Dé Luain nó Dé Máirt an dá lá is fearr, a dúirt sé.'

'B'fhéidir Dé Luain,' a dúirt Willie, 'is fearr a bheith ar an taobh sábháilte. Beidh mé féin ag caint le Páidín faoi seo amárach.'

'Tá go maith,' a dúirt Sarah.

Tar éis píosa ní raibh tigh Shíle ach í féin agus Sarah. Bhí Síle ag insint do Sarah faoina cuid donachta féin mar a d'inis sí di tamall roimhe sin ach dúirt sí, 'Tá mé sásta anois ó tharla go mbeidh Willie ag fanacht sa mbaile agus murach tú féin agus Páidín rachadh sé go Sasana, rud a dhéanfadh mo chuid donachta céad uair níos measa agus tá mé fíorbhuíoch daoibh.'

'Muise,' a dúirt Sarah, 'nach bhfuil an scéal seo feiliúnach go maith dúinn féin chomh maith.'

'Tá súil agam go mbeidh an t-ádh oraibh leis,' a dúirt Síle. Lá arna mhárach chuaigh Willie siar go dtí Páidín leis an scéal seo a shocrú leis. Bhí scéal Chóil Mhóir ag gach duine acu anois, agus socraíodh tús a chur leis an athrú ar an Luan.

Maidin Dé Luain bhí Páidín agus a mháthair ina suí go moch. Ní raibh le tabhairt soir acu ach na cearca. Níor theastaigh siad ó Shíle. Fuair Sarah roinnt boscaí leis na cearca a chur iontu. Is í Nóra Mhór an chéad duine a tháinig le lámh chúnta a thabhairt dóibh. Chuir siad na cearca sna boscaí. Thug Sarah dhá chearc agus coileach do Nóra mar bhronntanas.

'B'fhéidir go mbeadh uibheacha áil agat féin an t-earrach seo chugainn,' a dúirt sí. Ghlac Nóra buíochas léi.

'Bíodh nó ná bíodh,' a dúirt sí, 'ní bheidh Nainín Mháirtín ag cur as do cheachtar againn uaidh seo amach.'

Ba ghearr gur tháinig Willie Rua, thug sé féin agus Páidín na cearca soir. Tar éis píosa chuaigh Sarah soir agus Nóra Mhór in éineacht léi. Chuaigh Willie agus Deirdre siar.

D'fhan Síle in éineacht le Sarah i rith an lae. Thaispeáin sí an siopa agus gach ní a bhain leis di agus dúirt sí go mbeadh sí in éineacht léi go minic. Bhí Páidín ag déanamh áite i gcomhair na gcearc. Sa deireadh tháinig sé isteach. Bhí a mháthair agus Síle agus Nóra Mhór amuigh sa siopa. Amach le Páidín sa siopa.

'Anois, a Pháidín,' a dúirt Nóra, 'beidh do dhóthain le déanamh agat.'

'B'fhéidir é,' a dúirt Páidín, agus é ag breathnú thart. 'Nach uafásach an méid bruscair de gach cineál a bhíonn i siopa,' a dúirt sé. 'Nach deacair cuntas a choinneáil ar a leath.'

Rinne Síle gáire. 'Bhuel, a Pháidín,' a dúirt sí, 'ceapann tú sin, ach is furasta teacht isteach ar obair den tsórt seo.'

Ag deireadh an lae, chuaigh Síle siar. Bhí Willie agus Deirdre ag cur a gcaoi féin ar theach Sarah, agus iad sásta go leor leis. Bhí Sarah agus Páidín leo féin anois sa siopa agus iad sásta lena margadh freisin. D'imigh cúpla mí thart. Bhí Sarah agus Páidín ag déanamh go maith sa siopa cé go raibh go leor de mhuintir an bhaile ag rá nach mbeadh seans acu déanamh chomh maith le Síle, ach tar éis píosa ba é a mhalairt de scéal a bhí acu. Bhíodh corrchustaiméir nua ag teacht chuig Sarah ó sheachtain go seachtain, gaolta le Tom Bán agus gaolta léi féin chomh maith. Ba ghearr go raibh i bhfad níos mó custaiméirí aici ná mar a bhí ag Síle an t-am ab fhearr a bhí sí.

Bhí Willie Rua ag cur stoic ar an talamh. Ba ó Bheairtlín an Phoist a cheannaigh sé an chéad chúpla beithíoch agus ba mhaith an fáth. Bhí sé féin agus iníon Bheairtlín, Katty, an-mhór le chéile le tamall anuas. Bhí súil ag Willie go mbeadh an gleann agus a mbeadh ann aige féin fós. Chomh maith leis sin thug Páidín sé cinn de chaoirigh dó gan pingin ná leathphingin.

Anois bhí tosach maith déanta ag gach dream acu. Bhíodh Deirdre go minic sa siopa ag tabhairt cúnaimh do Sarah. Bhí sí ina cailín breá ag an am seo. Bhí sí ag rá le Sarah go raibh rún aici dul go Sasana gan mórán moille mar go raibh a haint á hiarraidh ach ní raibh a máthair go rómhaith ag an am.

Cúpla mí ina dhiaidh sin bhásaigh Síle, rud nach raibh súil ag

Deirdre leis chomh tobann sin. Nuair a chuaigh an scéala seo ar fud na háite bhí an baile uilig faoi bhrón. Bhí Willie Rua agus Deirdre ar anchaoi. Thug Sarah agus Páidín gach cúnamh dóibh agus Katty, iníon Bheairtlín an Phoist.

Chuaigh Deirdre síos chuig Oifig an Phoist le sreangscéal a chur chuig a haint i Sasana. Bhí iontas an domhain ar bhean an Phoist an scéal faoi bhás Shíle a chloisteáil. Bhí sí féin agus Deirdre píosa mór ag caint. Le linn na cainte tháinig an Garda óg a bhí sa mbeairic le tamall beag isteach. Chuala sé cuid den chaint. Chuir sé tuairisc le bean an Phoist céard a bhí tarlaithe. D'inis sise dó gurbh í máthair Dheirdre a bhí básaithe. Chroith sé lámh le Deirdre agus chuir a chomhbhrón in iúl di. Ní raibh mórán aithne aige ar Dheirdre ag an am seo mar ní raibh sé i bhfad san áit, ach chonaic sé gur cailín álainn a bhí inti. Nuair a bhí a gnó déanta ag Deirdre, ghlac sí buíochas le bean an Phoist agus leis an nGarda chomh maith, agus amach léi. Chuaigh an Garda amach ina diaidh. Bhí a charr ar an tsráid. D'fhiafraigh sé di an raibh i bhfad le dul aici.

'Ó, níl,' a dúirt Deirdre, 'tamall beag suas an baile.'

'Suigh isteach sa gcarr,' a dúirt sé, 'agus fágfaidh mé suas píosa den bhealach thú.'

'Tá go maith,' a dúirt Deirdre. Ar an mbealach suas bhí gach tuairisc ag teastáil uaidh. Cé a bhí sa teach léi? Céard a bhí sí a dhéanamh nó an raibh siopa acu? D'inis Deirdre dó faoi gach rud. An mhalairt áite a rinne a deartháir Willie agus Sarah Lang agus a mac Páidín, agus gurb acusan atá an siopa anois agus go mbíonn sí féin ag tabhairt lámh chúnta dóibh sa siopa anois agus arís.

'An bhfuil rún agat fanacht sa siopa leo?' a dúirt sé.

'Ó, níl,' a dúirt Deirdre, 'tá rún agam fanacht ar scoil go ceann tamaill eile.'

'Bhuel,' a dúirt sé, 'mar gheall ar shochraid do mháthar, má bhíonn carr ag teastáil le haon gnó a dhéanamh, cuir scéala chugamsa mar is eol dom nach bhfuil sé éasca carr a fháil ar an mbaile seo, ach amháin carr an tsagairt.'

'Tá sin fíor,' a dúirt Deirdre, 'agus go raibh míle maith agat.'

'Jerry O'Neill is ainm domsa,' a dúirt sé. D'fhág sé slán ag Deirdre agus dúirt sé go mbeadh sé ag caint léi arís, ansin d'imigh sé.

Suas le Deirdre abhaile. Chonaic Willie an carr thíos ag béal an bhóithrín. D'fhiafraigh sé de Dheirdre cén carr a bhí ann. D'inis sí dó gurbh é an Garda óg a bhí thíos ag Oifig an Phoist a thug aníos í, mar d'inis bean an Phoist dó faoi bhás Mhama.

'Muise,' a dúirt Willie, 'nach deas an mhaise dó é sin a dhéanamh.'

'Dúirt sé freisin,' a dúirt Deirdre, 'má theastaíonn carr mar gheall ar an tsochraid, scéala a thabhairt dó.'

'M'anam go bhfuil sin go maith,' a dúirt Willie.

Oíche an tórraimh, bhí slua mór ann tigh Willie. Muintir an bhaile trí chéile ag teacht agus ag imeacht i gcaitheamh na hoíche díreach mar a bhí siad nuair a cheap siad go raibh Sarah básaithe. Bhí neart poitín ann an oíche sin ach ní raibh aon chineál óil ar thórramh Shíle, agus ba le hómós do Shíle é sin, mar bhí sí in aghaidh aon chineál óil. Ach mura raibh ól ann bhí neart le hithe ann. D'fhan an chuid ba mhó de na daoine ann go maidin Dé Sathairn.

Tráthnóna Dé Sathairn tugadh corp Shíle chuig an séipéal agus adhlacadh í i reilig an teampaill tar éis aifreann an mheán lae Dé Domhnaigh. Tar éis na sochraide chuaigh cuid de na daoine ar ais tigh Willie Rua. D'fhan Sarah agus Páidín leo go maidin. Maidin Dé Luain chuaigh Sarah agus Páidín soir chuig an siopa. Ba lá cruógach do Sarah é mar gheall go raibh an siopa dúnta i rith an deireadh seachtaine. Bhí Willie agus Deirdre anois leo féin. Bhíodh Deirdre ag caoineadh anois agus arís, ach dúirt Willie léi go gcaithfeadh siad cur suas leis an méid seo ar fad. Tar éis cúpla mí bhí Willie ag teacht isteach go maith ar a chuid oibre.

Bhí Sarah agus Páidín ag déanamh ceart go leor freisin. Bhíodh Deirdre in éineacht le Sarah go minic sa siopa. Bhí sí uaigneach i ndiaidh a máthar.

Ní raibh mórán d'aon chineál caitheamh aimsire sa mBaile Rua cé is moite den halla damhsa, a bhí cúpla míle soir an baile. Bhíodh craic go leor ansin oíche Dé Sathairn.

Oíche amháin chuaigh Deirdre agus Katty chuig an halla. Bhí neart spóirt, ceoil agus craic ann. Bhain an bheirt sásamh breá as an oíche. Bhí an Garda óg ar dualgas ann. Dúirt sé le Deirdre agus Katty go mbeadh siad abhaile leis dá mba mhian leo nuair a bheadh an céilí seo thart. Ghlac siad buíochas leis agus dúirt siad go mbeadh siad abhaile leis. D'fhág an Garda an bheirt sa mbaile. D'fhiafraigh sé díobh an mbeadh siad ann an chéad Satharn eile. Dúirt siad gur mhaith leo é ach go raibh sé rófhada uathu.

'Bhuel,' a dúirt sé, 'beidh mise ann agus tabharfaidh mé ann agus as an bheirt agaibh.'

'Tá go maith,' a dúirt an bheirt, agus ghlac siad buíochas leis.

I rith na seachtaine dár gcionn ní raibh Deirdre róshásta leis an saol. Bhí an t-uaigneas i ndiaidh a máthar ag méadú ó lá go lá. Bhí rún aici dul ar ais go Sasana go dtí a haint ach níor mhaith léi é sin a insint do Willie Rua. Ní raibh sí ag iarraidh a rún a insint d'aon duine, fiú amháin do Katty, an cara ba mhó a bhí aici. Bhí sé i gceist aici imeacht maidin Dé hAoine agus litir a scríobh le haghaidh Willie agus an litir sin a chur sa phost an mhaidin Aoine sin agus gach rud a insint dó. Déarfadh sí go raibh sí ar an mbealach go Sasana agus ansin ní bheadh aon imní air fúithi. Bhí súil aici go bhfaigheadh Willie an litir lá arna mhárach.

Chaith Deirdre an chéad chuid den tseachtain míshuaimhneach go leor. Bhí sí ag smaoineamh faoin Aoine, an t-aistear seo go Sasana, an chraic agus an raic sa halla oíche Dé Sathairn, an áit ar gheall sí féin agus Katty don gharda óg go mbeidís ann. Bhris na deora ina dhá súil. Bhíodh sí corrlá sa siopa in éineacht le Sarah, go mór mór gach deireadh seachtaine. Bhí Sarah ag súil léi Dé hAoine ach níor tháinig sí. Maidin moch Dé hAoine bhí Deirdre réidh le himeacht agus an litir réidh aici le cur sa phost chomh maith. Dúirt sí le Willie go raibh sí ag dul chuig an mbus agus go mbeadh sí ar ais, ach níor inis sí dó cén t-am. Síos léi go dtí an bus, chaith sí an litir isteach i mbosca litreach a bhí ansin ar thaobh an bhóithrín agus d'imigh léi.

* * *

An Aoine chéanna chaith Páidín an lá ag glanadh timpeall an tsiopa agus na sráide. Bhailigh sé mála mór bruscair de gach cineál. Bhí rún aige an bruscar a chur i bpoll talún maidin Dé Sathairn. Chaith sé an mála ansin le balla agus chuaigh sé a chodladh go luath an oíche sin.

Amach sa meán oíche d'airigh sé madraí ag troid agus ag réabadh thíos sa ngarraí beag. Chuimhnigh sé nár chuir sé a mhadra beag féin isteach an oíche sin. D'éirigh sé agus síos leis sa ngarraí. Ba é a mhadra féin a bhí ann agus é leathmharbh ag dhá mhadra eile, ceann mór dubh agus ceann bán. Bhí maide láimhe ag Páidín. Bhuail sé an madra bán ar pholl na cluaise agus chuir ar chúl a chinn i ndraein é. Chaith sé an maide láimhe ar an talamh agus d'fhág sé ansin é mar bhí fuil an mhadra bháin ar an maide agus roinnt fionnaidh chomh maith.

Thug sé a mhadra beag aníos chuig an teach. Bhí fuil ag teacht as a phíobán agus as an dá chos tosaigh. Bhí Páidín ag tóraíocht píosa éadaigh le casadh ar a phíobán. An chéad phíosa a casadh air ná seáilín cloiginn le Deirdre. Chas sé timpeall ar phíobán an mhadra é. Chuir sé an madra ina luí ar mhála ar leic an teallaigh. Chuir sé cóir leighis ar an dá chos chomh maith.

Sa deireadh chuaigh sé a chodladh. Bhí sé ina shuí go moch ar maidin agus bhí an madra beag ina shuí chomh maith, rud a chuir áthas ar Pháidín. Bhain sé an seáilín cloiginn de mhuineál an mhadra. Bhí sé lán le fuil agus an mála a bhí faoi ar an teallach chomh maith. Bhailigh Páidín suas iad agus chuir isteach sa mála bruscair iad a bhí amuigh ansin le balla. Tar éis píosa den lá rinne sé poll idir dhá chrann úll thíos sa ngarraí beag leis an mála bruscair a chur ann. Bhailigh sé suas cúpla rud eile timpeall an tí agus chuir sé i mála iad chomh maith le péire bróg le Deirdre a bhí cineál caite. Chaith sé i mbéal an mhála iadsan chomh maith. Bhí an mála trom go maith agus b'éigean do Pháidín é a tharraingt síos ina dhiaidh sa ngarraí. D'fhág an mála *track* ar an tsráid ón teach go dtí an poll sa ngarraí beag ach níor bhac Páidín tada a dhéanamh leis. Ar an mbealach síos thit ceann de na bróga as béal an mhála isteach faoi thom driseacha. Ní fhaca Páidín é sin. Nuair a shroich sé an poll chaith sé gach a raibh sa mála isteach ann agus dhún sé suas é arís go deas cúramach.

Thart ar mheán lae Dé Sathairn tháinig Willie aniar chuig an siopa. D'inis sé do Sarah agus do Pháidín gur imigh Deirdre ar maidin Dé hAoine agus nár tháinig sí ar ais fós. Bhí iontas ar Sarah agus ar Pháidín Deirdre a imeacht ar chor ar bith. Dúirt Sarah go raibh sí féin ag súil léi Dé hAoine, mar go mbíodh sí ag tabhairt cúnaimh di sa siopa gach Aoine.

'Bhuel,' a dúirt Willie, 'mura mbeidh aon tuairisc againn amárach, caithfidh mé é seo a insint do na Gardaí Dé Luain.'

An Satharn roimhe sin bhí Deirdre agus Katty ag an halla damhsa agus iad ar ais leis an nGarda óg. Gheall sé dóibh go dtabharfadh sé chuig an halla arís iad an Satharn dár gcionn dá mba mhaith leo é agus dúirt siad gur mhaith, ansin bhí sé ag súil leo. Luath go maith oíche Dé Sathairn bhí an Garda óg faoi réir le dul chuig an halla agus súil aige go mbeadh Deirdre agus Katty réidh le teacht leis. Bhí sé i ngrá le Deirdre. Chonaic sé Katty agus chuir sé tuairisc Dheirdre. Dúirt Katty nach bhfaca sí í ar chor ar bith i rith na seachtaine.

'Is dócha nach bhfuil sí ag dul chuig an halla?' a dúirt sé.

'Is dócha nach bhfuil,' a dúirt Katty.

D'imigh an Garda óg leis go dtí an halla agus iontas air nach raibh Deirdre le bheith ann. Bhí súil aige go mbeadh sí ann am éigin sula mbeadh an céilí thart ach ní raibh. Smaoinigh sé gurbh é Páidín a d'iarr uirthi fanacht leis féin ós rud é go mbíodh sí ag obair sa siopa nó sin go ndearna sé rud éigin uirthi. Bhí barúil aige go raibh Páidín i ngrá léi freisin. Bhí sé bruite ar bhainne aige do Pháidín an chéad seans a gheobhadh sé air. Bhí barúil ag cuid de na daoine sa halla go raibh rud éigin ag cur as dó. Bhí sé chomh cantalach le dris chosáin. Ní raibh ligint faoi ná thairis aige i gcaitheamh na hoíche faoi rudaí fánacha.

Oíche Dé Domhnaigh ní raibh aon tuairisc ar Dheirdre. Maidin Dé Luain chuaigh Willie Rua chuig an mbeairic. D'inis sé an scéal do na Gardaí faoi Dheirdre. Bhí iontas mór orthu an scéal seo a

chloisteáil, go mór mór an Garda óg.   Dúirt siad le Willie go
ndéanfadh siad fiosrú faoin scéal seo.   Tamall amach sa lá tháinig an
Garda óg tigh Willie Rua.   Thóg sé ráiteas ó Willie faoi cén t-am ar
maidin Dé hAoine a d'imigh Deirdre agus go leor eile.

Ansin chuaigh sé chuig Páidín agus chuig Sarah.   Bhí cuid mhaith
ceisteanna á gcur aige faoi Dheirdre.   Cén t-am deiridh a bhfaca siad
í agus go leor leor eile.   Chonaic sé an *track* a bhí ar an tsráid ón
teach síos go dtí an garraí beag.   D'fhiafraigh sé de Pháidín céard a
rinne an *track* sin.

'Bhuel,' a dúirt Páidín, 'mála bruscair a bhailigh mé timpeall an tí
Dé hAoine agus rinne mé poll thíos sa ngarraí lena chur ann.   Bhí
meáchan sa mála agus tharraing mé síos i mo dhiaidh é agus sin é a
rinne an *track* sin.'

Shiúil an Garda síos go dtí an garraí.   Ar a bhealach síos chonaic
sé bróg chailín le taobh thoim dhriseacha.   Mheas sé nach raibh an
bhróg ansin ach le cúpla lá.   Chuir sé i mála a bhí ina phóca aige í.
Bhí barúil aige gur le Deirdre í.   Síos leis nó gur tháinig sé go dtí an
poll a bhí déanta ag Páidín.   Dúirt sé le Páidín an poll a oscailt suas
arís agus gach a raibh thíos ann a chur aníos ar bhruach.

'Tá go maith,' a dúirt Páidín, fuair sé láí agus sluasaid agus thosaigh
ag oscailt an phoill.   An chéad rud a chuir sé aníos ar bhruach ná
seáilín cloiginn cailín agus fuil air.   Phioc an Garda suas é agus chuir
ina mhála é.   An chéad rud eile bhí bróg chailín curtha aníos as an
bpoll.   Phioc an Garda suas an bhróg sin agus chuir isteach sa mála í
in éineacht leis an mbróg a fuair sé thíos faoin tom driseacha.   Ba iad
péire a chéile iad agus cinnte gur le Deirdre an péire bróg seo.   Chaith
sé tamall ag siúl thart sa ngarraí.   An chéad rud eile a chonaic sé ná
maide láimhe.   Bhí fuil air sin chomh maith agus roinnt ribí gruaige
fionna bána cosúil le gruaig Dheirdre.   Thug sé leis an maide.   Bhí
amhras mór anois ar Pháidín go raibh Deirdre maraithe aige agus í
curtha faoi thalamh nó faoi uisce aige in áit éigin.   Bhí sé ag éirí
deireanach ag an am seo agus chuir sé deireadh leis an gcuardach go
dtí lá arna mhárach, Dé Máirt.   Thug sé gach a raibh de shamplaí
bailithe aige chuig an mbeairic.   Thaispeáin sé don sáirsint iad.

'Tá an chuma air gur cúis dúnmharaithe é seo,' a dúirt an sáirsint, 'ach beidh sé cúpla lá sula mbeidh toradh na samplaí seo againn.' Cheap an Garda óg go raibh Páidín i ladhair an chasúir aige anois.

Oíche Dé Luain tháinig Willie Rua aniar tigh Sarah. D'inis Páidín dó faoin nGarda agus an méid tóraíochta a bhí déanta aige i gcaitheamh an lae.

'Tá a fhios agam sin,' a dúirt Willie, 'ach cén neart atá agamsa ná agatsa ar Dheirdre?'

'Bhuel,' a dúirt Willie, 'scríobh mise litir chuig m'aint i Sasana ar maidin. D'inis mé an scéal di faoi Dheirdre agus go bhfuil muid trína chéile ag Gardaí ag déanamh fiosruithe faoin scéal. B'fhéidir gur i Sasana atá sí,' a dúirt sé.

'Tá súil le Dia agam gurb ea,' a dúirt Sarah.

Maidin Dé Máirt bhí an Garda ar ais arís ag Páidín. Dúirt sé leis dul chuig an mbeairic mar go raibh an sáirsint ag iarraidh é a fheiceáil.

'Tá go maith,' a dúirt Páidín. Tar éis píosa bhuail sé soir chuig an mbeairic. Níor chuir an sáirsint mórán ceisteanna air, ach dúirt sé leis go gcuirfeadh sé fios air arís nuair a bheadh toradh na samplaí seo a thug an Garda isteach aige.

'Tá go maith,' a dúirt Páidín, agus bhuail leis abhaile. Lean an Garda air ag tóraíocht timpeall an tsiopa agus sa deireadh suas leis go dtí an draein teorann. Bhí spiacán de mhaide aige. Thosaigh sé ag saibhseáil thart ar bhruach na draenach. Sa deireadh mheas sé go raibh rud éigin thíos domhain sa draein. Cheap sé gur corp Dheirdre a bhí ann, b'fhéidir. Ní raibh an spiacán de mhaide a bhí aige sách fada leis an rud seo a bhogadh anonn ná anall. Smaoinigh sé dá mbeadh speal nó rud éigin cosúil leis aige, go mbeadh sé feiliúnach leis an rud seo a tharraingt go bruach. Suas leis chuig Páidín ar thóir speile. Ní raibh Páidín ann. Bhí sé imithe chuig an mbeairic mar a dúirt sé leis. Chuir sé tuairisc speile le Sarah ach dúirt sí nach raibh aon speal acu ach go raibh ceann thiar ag Willie Rua. Siar leis go dtí Willie Rua. Thug Willie Rua speal dó agus cos bhreá fhada inti. Dá mbeadh a fhios ag Willie agus ag Sarah cé lena aghaidh a raibh an speal aige, ní bheadh siad leath chomh flaithiúil leis.

Thug sé leis an speal síos chuig an draein. Sháigh sé an speal síos
isteach san áit a raibh an meall seo. Cheap sé ar dtús gur bollán nó
tulán nó b'fhéidir mála eile bruscair a bhí ann ach ba é corp Dheirdre
ba mhó a bhí ar intinn aige. Fuair lann na speile greim ar rud éigin.
Thosaigh sé air ag tarraingt ach ní raibh sé ró-éasca ar dtús. Ba
ghearr, áfach, gur thug sé an meall seo ar thalamh tirim. Ní bollán
nó tulán ná mála bruscair a bhí ann ach *worm* Tom Bháin, athair
Pháidín, nuair a mhair sé. Chuir an Garda an *worm* sa mála a bhí
aige agus leag le taobh aille í a bhí in aice leis. Ansin lean sé air ag
tóraíocht siar go cladach.

Bhí Ned Mór thiar ag an teach. Chonaic sé an Garda ag tógáil an
worm aníos ar an talamh tirim agus á chur i mála agus á leagan le
taobh na haille. Bhí Ned ag coinneáil súile air agus nuair a bhí sé
thiar ag an gcladach thug Ned leis sean*worm* a bhí aige féin agus í
ite le meirg. Rith sé soir go dtí an mála a raibh *worm* Tom Bháin
ann, thóg sé as an mála í agus chuir sé a shean*worm* féin ina háit.
Cheangail sé suas béal an mhála go deas mar a bhí sé roimhe agus
thug sé leis *worm* Tom Bháin siar chuig a theach. Chaith an Garda
tamall maith siar le cladach. Sa deireadh tháinig sé aniar agus an
speal ar a ghualainn aige. Chroch sé leis an mála a raibh an *worm*
ann agus é sásta go leor le hobair an lae. Suas leis chuig an siopa, áit
a raibh Páidín anois. D'iarr sé air an speal a thabhairt siar chuig
Willie Rua am éigin.

'Tá go maith,' a dúirt Páidín.

'Aon tuairisc ar Dheirdre, a Pháidín?' a dúirt sé.

'Diabhal tuairisc,' a dúirt Páidín.

'Bhuel,' a dúirt an Garda, 'tá faitíos orm gur fear tú atá i
dtrioblóid mar tá cúis eile le bheith i d'aghaidh anois.'

'Céard é seo?' a dúirt Páidín.

'Fuair mé *worm* ar do chuid talún.'

Chuimhnigh Páidín ar *worm* a athar.

'Níl aon eolas agam ar aon *worm*,' a dúirt Páidín.

'Muise, an mar sin é?' a dúirt an Garda, 'agus níl aon eolas agat
faoi céard a tharla do Dheirdre, is dócha.'

'Níl aon eolas agam faoi Dheirdre ná céard a tharla,' a dúirt Páidín. Thug Páidín an speal siar chuig Willie Rua. Bhí Ned Mór ann roimhe.

'Fuair an Garda an *worm* sin, a Ned,' a dúirt Páidín.

'Tá a fhios agam,' a dúirt Ned, 'ach níl *worm* d'athar aige, ach tá seancheann a bhí agamsa fadó aige agus í ite le meirg.'

Rinne Páidín gáire.

'Cén chaoi ar tharla sé sin?' a dúirt sé. D'inis Ned dó an cleas a d'imir sé féin ar an nGarda.

Bhí Willie ag éisteacht le Ned agus é ag insint dó faoin jab a bhí déanta aige agus ghlac sé féin agus Páidín buíochas leis.

'Muise,' a dúirt Páidín, 'nach iontach gur sheansáil tú é sin a dhéanamh.'

'Bhuel,' a dúirt Ned, 'níor thrioblóid ar bith orm é. Bhí neart ama agam mar bhí an Garda thiar ag Caladh na Siongán ag an am.'

'Saol fada duit,' a dúirt Páidín, 'ba chomharsa mhaith tú gach lá riamh agus tá mé cinnte go mbeidh ríméad ar Bheairtle na Céibhe, an fear a rinne an *worm*, an scéal seo a chloisteáil.'

'Dúirt an Garda liomsa,' a dúirt Páidín, 'go mbeinn cúisithe faoi Dheirdre mura mbeadh aon fháil uirthi go gairid agus go bhfuil cúis eile i m'aghaidh mar go bhfuair sé *worm* ar mo chuid talún.'

'Bhuel,' a dúirt Willie Rua, 'nach liomsa an áit sin anois.'

'Tá a fhios agam sin,' a dúirt Páidín, 'ach ní raibh baol orm an Garda a chur ar an eolas faoi.'

'Sin é an chaoi is fearr an scéal,' a dúirt Ned. 'Téigí chuig aturnae, an bheirt agaibh,' a dúirt Ned. 'An t-aturnae céanna sin a bhí agaibh roimhe seo. Bíodh páipéir na talún agaibh agus beidh sibh in ann an scéal seo a insint síos suas dó agus insint dó chomh maith nach í an *worm* a fuair sé sa draein atá sa mála aige ach sean*worm* mheirgeach.'

'Tá go maith,' a dúirt an bheirt, 'déanfaimid é sin.'

'Cheapfainn,' a dúirt Ned, 'nach mbeidh mórán de bharr an lae ag an nGarda sin, mar déanfaidh an t-aturnae baileabhair sa gcúirt de.'

'Aon tuairisc ar Dheirdre?' a dúirt Ned.

'Níl, fós,' a dúirt Willie, 'ach beidh an litir a chuir mé chuig m'aint i Sasana aici maidin amárach, agus má tá Deirdre in éineacht léi is maith luath a bheas scéala againn, olc nó maith.'

Chaith siad píosa ag caint. Sa deireadh dúirt Ned go rachadh sé abhaile.

'Tá súil agam go mbeidh dea-scéala agaibh amárach,' a dúirt sé roimh imeacht dó. D'imigh Ned agus tamall ina dhiaidh d'imigh Páidín. Dúirt sé le Willie go mbeadh sé anoir arís ar maidin.

Nuair a shroich Páidín an teach bhí a mháthair ansin agus í ag fuarchaoineadh.

'Muise, céard atá ort, a Mhama?' a dúirt Páidín.

'Níl tada, a stór,' a dúirt sí. 'Ach tá imní orm go mbeidh tusa i dtrioblóid. Fuair an Garda an *worm* agus tá siad ag cur milleán Dheirdre ort chomh maith.'

'Ó bíodh ciall agat, a Mhama,' a dúirt Páidín, 'beidh gach rud ceart gan mórán achair.' D'inis sé di faoi Ned agus an cleas a d'imir sé ar an nGarda.

'Níl *worm* Dheaide aige,' arsa Páidín, 'ach tá sean*worm* a bhí ag Ned fadó aige agus é ite le meirg. Dúirt Ned go ndéanfadh an t-aturnae baileabhair sa gcúirt de mar an *worm* atá aige ní hé an ceann í a fuair sé sa draein ach seancheann nach raibh in aon draein uisce le blianta agus í ite le meirg. Agus rud eile, is le Willie an áit a bhfuair sé an *worm* agus ní liomsa.' Bhí máthair Pháidín sásta go leor an méid sin a chloisteáil.

Thart ar mheán lae Dé Máirt, agus an Garda óg amuigh ag tóraíocht, fuair an sáirsint toradh na samplaí sin a thug an Garda isteach an lá roimhe sin. Fuil ainmhí a bhí ar an seáilín cloiginn, ar an mála agus ar an maide láimhe chomh maith. Fionnadh ainmhí a bhí ar an maide láimhe agus ní ribí gruaige cosúil le gruaig Dheirdre, faoi mar a cheap an Garda. Ardtráthnóna Dé Máirt bhí an Garda ar ais agus é tuirseach go leor, ach mar sin féin bhí sé sásta go leor mar bhí *worm* ag teacht chuige. D'inis sé don sáirsint faoin *worm*.

'Tá sin go maith,' a dúirt an sáirsint, 'ach thart ar mheán lae inniu fuair mé toradh na samplaí sin a thug tú isteach inné agus níl aon bhaint acu sin le Deirdre ná le duine ar bith. Is le hainmhí a bhaineann an fhuil, agus ní gruaig a bhí ar an maide láimhe ach fionnadh ainmhí.'

Thart ar mheán lae Dé Céadaoin bhí an Garda óg agus Garda eile le dul ag tóraíocht arís. Ach tráthúil go leor an mhaidin chéanna, fuair aintín Willie an litir a scríobh sé chuici an Luan roimhe sin mar gheall ar Dheirdre. Nuair a léigh sí an litir agus an scéal a bhí inti faoi Dheirdre is beag nár thit sí as a seasamh. Thaispeáin sí an litir do Dheirdre.

'Léigh an litir seo,' a dúirt sí.

Léigh Deirdre an litir.

'Ó,' a dúirt sí, 'go sábhála Dia sinn. Níor inis mé do Willie an mhaidin sin go raibh mé ag teacht anseo, mar níor mhaith liom é a insint dó, ach chuir mé litir i mbosca na litreacha an mhaidin sin do Willie agus cheap mé go mbeadh an litir aige lá arna mhárach agus ansin go mbeadh a fhios aige go raibh mé in éineacht leatsa.'

'Muise,' a dúirt a haint, 'ba chóir duit é a insint do Willie go raibh tú ag teacht anseo. Ach anois tá na Gardaí sa mbaile do do thóraíocht ó mhaidin Dé Luain agus gan a fhios ag aon duine beo céard a tharla duit. Anois rachaidh muid go dtí na póilíní leis an scéal seo a chur ina cheart.'

Luath go maith maidin Dé Céadaoin chuaigh Deirdre agus a haint chuig na póilíní agus an litir acu a fuair siad ó Willie. D'inis siad an scéal síos suas dóibh. Chuir na póilíní scéala chuig sáirsint na nGardaí ar an mBaile Rua agus d'inis dó go raibh Deirdre in éineacht lena haint agus nár ghá dá muintir sa mbaile imní a bheith orthu fúithi. Bhí an Garda óg sa mbeairic agus é ag fanacht go meán lae leis an nGarda eile a bhí le bheith in éineacht leis ag tóraíocht nuair a tháinig an dea-scéala.

'Nach breá an scéala é sin ar maidin,' a dúirt an sáirsint, 'agus tá deireadh leis an tóraíocht anois.' Dúirt sé leis an nGarda dul siar chuig Willie agus an dea-scéal seo a insint dó. Nuair a chonaic Willie an Garda ag teacht aníos an bóithrín bhí a fhios aige go raibh scéal éigin aige faoi Dheirdre más olc nó maith é. Amach leis ar an tsráid ag siúl anonn agus anall nó gur tháinig an Garda chomh fada leis.

'Bhuel, a Willie,' a dúirt an Garda, 'tá dea-scéala againn inniu duit. Tá Deirdre i Sasana in éineacht lena haint agus ná bíodh imní ort fúithi.'

'Go raibh míle maith agat,' a dúirt Willie, agus a chroí i mbarr a bhéil.

Bhuail sé soir chuig an siopa. Bhí Sarah agus Páidín ann.

D'inis sé dóibh an méid a dúirt an Garda leis. Mhínigh sé an scéal.

'Muise, dea-scéala ó Dhia againn,' a dúirt Sarah, 'agus nach mór an suaimhneas intinne dúinn an méid sin. Bheimis ceart go leor anois,' a dúirt sí, 'murach an *worm*.'

'Ní bheidh tada faoi sin,' a dúirt Willie, 'nach liomsa an áit sin a bhfuair sé an *worm* ann, agus ní le Páidín. Beidh an fear mícheart sa gcúirt ag an nGarda. Fan go mbeidh an t-aturnae réidh leis agus ní bheidh mórán de bharr a chuid tóraíochta aige.'

'Tá súil agam nach mbeidh,' a dúirt Sarah.

Tar éis tamaill chuaigh Willie siar abhaile. Bhí sé ag súil le Ned Mór, mar dúirt Ned an oíche roimhe sin go mbeadh sé aníos arís ar maidin ag cur tuairisce faoi Dheirdre. Ní raibh Willie i bhfad thiar ag an teach gur tháinig Ned.

'Aon scéal nua ar maidin?' a dúirt Ned.

'M'anam go bhfuil,' a dúirt Willie, 'agus dea-scéala. Tá Deirdre i Sasana in éineacht lena haint.'

'I Sasana, a mhic ó,' a dúirt Ned, agus é ina sheasamh i lár an urláir, 'ach cé a thug an scéala seo daoibh?'

'An Garda óg,' a dúirt Willie agus d'inis sé do Ned an méid a tharla.

'Is dócha,' a dúirt Willie, 'go mbeidh litir agam ó Dheirdre ag deireadh na seachtaine.'

'Is mór an seans,' a dúirt Ned.

'Bhuel, a Ned,' a dúirt Willie, 'nuair a chonaic mé an Garda ag teacht aníos an bóithrín ar maidin is beag nár thit an t-anam asam. Cheap mé gur drochscéala a bhí aige faoi Dheirdre, ach buíochas le Dia dea-scéala a bhí aige.'

Tar éis píosa den lá d'imigh Ned. Bhí Willie sásta go leor leis féin anois. An Aoine dár gcionn bhí litir aige ó Dheirdre. Dúirt sí go raibh brón uirthi faoin rud a tharla. Dúirt sí nár mhaith léi a insint dó go raibh sí ag dul go Sasana mar go raibh uaigneas uirthi a bheith ag imeacht uaidh ach gur chuir sí litir i mbosca na litreacha atá ar thaobh an bhóthair an mhaidin sin agus gur cheap sí go mbeadh an litir aige lá arna mhárach. Bhí iontas ar Willie nach bhfuair sé an litir sin. D'inis sé an scéal do Katty, iníon fhear an phoist.

Chuaigh Katty síos abhaile. Chuir sí tuairisc lena hathair an raibh aon litir le Willie Rua i mbosca na litreacha le cúpla lá.

'Diabhal ar oscail mé an bosca sin le seachtain,' a dúirt a hathair, 'tuige?'

'Bhuel,' a dúirt Katty, 'tá mé ag ceapadh go bhfuil litir le Willie Rua sa mbosca sin agus má tá tabhair dom í.'

'Tá go maith,' a dúirt a hathair. Soir leis go dtí bosca na litreacha agus ceart go leor bhí litir le Willie ann agus litir eile do sháirsint na nGardaí, í leathoscailte agus gan aon stampa ar an litir sin. Thug sé litir Willie do Katty agus d'inis sé di faoi litir an tsáirsint agus nach raibh a fhios aige céard ba cheart dó a dhéanamh léi. Chuaigh Katty suas leis an litir go dtí Willie. Bhí ríméad ar Willie an litir seo a fháil.

D'inis Katty dó go raibh litir eile i mbosca na litreacha chomh maith don tsáirsint, í leathoscailte agus gan aon stampa uirthi agus nach raibh a fhios ag a hathair céard ba cheart dó a dhéanamh léi.

'B'fhéidir,' a dúirt Willie, 'gur ó spíodóir éigin í. Tabhair aníos í. B'fhéidir gur cheart í sin a léamh.'

'Tá go maith,' a dúirt Katty, 'beidh mé aníos leis an litir sin tráthnóna amárach.'

Chuaigh Katty síos abhaile. D'inis sí dá hathair gur inis sí do Willie faoi litir an tsáirsint agus go ndúirt sé gurbh fhéidir gur spíodóireacht an litir sin agus í a thabhairt suas chuige.

'M'anam,' a dúirt a hathair, 'go bhfuil an ceart ar fad ag Willie mar tá an litir sin léite agamsa,' a dúirt sé.

'Céard atá inti?' a dúirt Katty.

'Seo duit,' a dúirt a hathair, 'agus léigh tú féin í.' Léigh Katty an litir, agus seo mar a bhí inti.

A Sháirsint,
Tá Beairtle na Céibhe ag déanamh dhá worm nua
thíos ag a theach agus tá Séamus Mór ag déanamh
poitín thiar i gCaladh na Siongán in aice leis an Strapa
Mór, síos díreach ó theach Andy Beag.
Déan deifir.

Ní raibh aon ainm léi.

'Go sábhála Dia sinn,' a dúirt Katty, nuair a bhí an litir léite aici, 'nó meas tú cé hé an spíodóir?'

'Bhuel,' a dúirt a hathair, 'sin rud nach bhfuil a fhios agam.

'Is cosúil le scríbhneoireacht chailín an scríbhneoireacht sin,' a dúirt Katty.

'Scríobh cailín í go cinnte,' a dúirt a hathair.

Tráthnóna lá arna mhárach thug Katty an litir suas chuig Willie.

'Seo í litir an tsáirsint,' a dúirt sí, agus í ag gáire. 'Léigh í, tá sí léite ag m'athair.'

Léigh Willie an litir agus rinne sé scairt de gháire.

'Bhuel,' a dúirt sé, 'nach maith an scéal do Bheairtle na Céibhe agus do Shéamus Mór nach ndeachaigh an litir seo níos faide.'

'Tá sin cinnte,' a dúirt Katty, 'ach nach cosúil le scríbhneoireacht chailín an scríbhneoireacht sin,' a dúirt sí. 'Caith sa tine anois í agus ní bheidh níos mó ann fúithi.'

'Bhuel,' a dúirt Willie, 'ba mhaith liom í a thaispeáint do Pháidín. Is cosúil gur cailín a scríobh í. B'fhéidir go mbeadh barúil aige de dhuine éigin.'

An oíche sin tháinig Páidín tigh Willie. D'inis Willie dó go bhfuair sé litir ó Dheirdre agus go raibh siad go rímhaith.

'Dúirt sí,' ar seisean, 'gur chuir sí litir i mbosca na litreacha atá thíos ansin ar thaobh an bhóthair domsa ag insint go raibh sí ar an mbealach go Sasana. Cheap sí go mbeadh an litir sin agamsa lá arna mhárach ach ní raibh agus is mór an trua nach raibh, mar bheadh a fhios againn cá raibh sí agus ní bheadh aon tóraíocht á déanamh agus ní bheadh an *worm* i ngreim ag an nGarda óg ach oiread.'

'Tá sin fíor,' a dúirt Páidín, 'ach céard a tharla don litir?'

'Bhuel,' a dúirt Willie, 'd'inis mé an scéal do Katty. Chuir sise ceist ar a hathair an raibh aon litir liomsa sa mbosca sin ó thús na seachtaine. Dúirt sé nár oscail sé an bosca ar chor ar bith le seachtain. Ansin chuaigh sé go dtí an bosca, d'oscail sé é agus ceart go leor, bhí an litir ann. Thug Katty an litir aníos chugam. Dúirt sí go raibh litir eile sa mbosca chomh maith, í leathoscailte agus gan aon stampa uirthi agus nach raibh a fhios ag a hathair céard ba cheart dó a dhéanamh léi, ach beirthe nó caillte léigh sé an litir. Thug Katty aníos an litir chugam. B'fhéidir gur mhaith leat í a léamh mar tá an-scéal sa litir chéanna.'

Thug sé an litir do Pháidín. Léigh Páidín an litir. Bhreathnaigh sé ar Willie agus rinne sé scairt de gháire.

'Meas tú,' a dúirt sé, 'cé hé nó cé hí an spíodóir?'

'Sin í an cheist,' a dúirt Willie, 'ach nach cosúil le scríbhneoireacht chailín an scríbhneoireacht sin?'

'Cheapfainn gur cailín a scríobh í,' a dúirt Páidín. 'Ní rachainn i mbannaí ar Chóil Mór, b'fhéidir gurb í Nóirín Óg a scríobh í.'

'B'fhéidir,' a dúirt Willie.

'Bhuel,' a dúirt Páidín, 'bíonn sí ag tabhairt cúnaimh do mo mháthair corrdheireadh seachtaine. B'fhéidir go bhfaighinn seans a cuid scríbhneoireachta a fheiceáil.'

'Plean maith,' a dúirt Willie.

Thug Páidín an litir soir chuig a mháthair. D'inis sé an scéal di. Léigh sise an litir.

'Muise,' a dúirt sí, 'nach ag cuid de na daoine atá an droch-chroí, ag iarraidh droch-bhail a chur ar Bheairtle na Céibhe agus ar Shéamus Mór.'

'Nach cosúil le scríbhneoireacht chailín an scríbhneoireacht sin, a Mhama?' a dúirt Páidín.

'Tá sí cosúil le scríbhneoireacht Nóirín Óg,' a dúirt a mháthair. 'Scríobh sí cúpla rud sa leabhar seo,' a dúirt sí, 'an tseachtain seo caite.' Chuir sí féin agus Páidín an dá phíosa scríbhneoireachta le taobh a chéile agus cinnte, ba í scríbhneoireacht Nóirín Óg a bhí sa litir.

'Anois,' a dúirt Páidín, 'cé atá le trust?'

'M'anam,' a dúirt a mháthair, 'nach mbeidh Nóirín timpeall ormsa níos faide.'

'Is féidir go bhfuil an ceart agat,' a dúirt Páidín, 'ach tá trua agam do Nóirín, mar is dócha nach í a cheap an spíodóireacht seo, ach gurbh éigean di é a scríobh dóibhsean, cé gur di féin is measa anois é.

'Anois, a Pháidín,' a dúirt sí, 'níl muid ag iarraidh an scéal seo faoin litir a dhul níos faide mar b'fhéidir gur raic eile a bheadh ann dá bharr. Is furasta tine a lasadh ach is deacair í a mhúchadh.'

'Tá go maith,' a dúirt Páidín, 'ach inseoidh mé do Willie faoin méid atá ar eolas againn anois.'

'Níl aon locht air sin, a stór,' a dúirt sí.

Lá arna mhárach chuaigh Páidín siar go dtí Willie, agus thug sé an litir ar ais dó.

'Céard a cheap do mháthair den litir seo?' a dúirt Willie.

'Ó,' a dúirt Páidín, 'chuir an litir iontas mór uirthi agus tráthúil go leor bhí beagán de scríbhneoireacht Nóirín aici i leabhar an tsiopa agus tá sí cinnte gurbh í an duine céanna a scríobh an litir agus a scríobh cúpla rud i leabhar an tsiopa agus gurbh í Nóirín Óg í sin. Níl sí le Nóirín a ligint in aice an tsiopa uaidh seo amach.'

'Muise, an mar sin é?' a dúirt Willie.

'Dúirt sí,' a dúirt Páidín, 'gan an scéal seo faoin litir a dhul níos faide mar b'fhéidir gur raic a bheadh ann dá bharr.'

'Tá an ceart aici,' a dúirt Willie. 'Ní bheidh focal eile ann faoi seo, ach is maith an scéal nach ndeachaigh an litir sin níos faide nó bheadh Beairtle na Céibhe agus Séamus Mór ag tochas a mullaigh agus is maith an rud dúinn féin go bhfuil barúil againn cé hé an spíodóir.'

'Bhuel,' a dúirt Willie, 'cibé duine a scríobh an litir sin, más é Cóil Mór a cheap é nó nach é, ach scríobh duine éigin an litir agus cibé duine é sin, is cinnte go mbeadh amhras aige ar fhear an phoist, mar tá a fhios ag an duine sin nach ndeachaigh an litir sin go ceann scríbe, agus ní mór dúinn plean éigin a cheapadh le fear an phoist a shábháil ó amhras.'

'M'anam gur fíor duit,' a dúirt Páidín, 'ach cén plean a chuirfidh muid air?'

'Níl a fhios agam fós,' a dúirt Willie, 'ach beidh muid ag smaoineamh ar phlean éigin.'

'Tá go maith,' a dúirt Páidín, agus bhuail sé soir abhaile.

Chuaigh Willie ag tógáil bhearna an chlaí ar gharraí ó thuaidh den teach. Ba í an bhó bhuí a cheannaigh sé ó fhear an phoist a leag go talamh an claí céanna mar bhí sí chomh bradach leis an diabhal. Bhain Willie barr na méire de féin le cloch ghéar. Ní hé a bheannacht a thug sé don bhó bhuí. Chas sé a naipcín póca ar a mhéar. Rinne sin cúis faoi láthair. Níor airigh sé gur chuir Cóil Mór bail ó Dhia air. D'iompaigh Willie thart.

'Céad fáilte, a Chóil,' a dúirt sé.

'Ag obair go crua?' a dúirt Cóil.

'Muise, ag iarraidh a bheith,' a dúirt Willie.

'Céard a tharla do do mhéar?' a dúirt Cóil.

Smaoinigh Willie ar phlean. 'Diabhal mórán a tharla di,' a dúirt Willie. 'Bhí mé ag cur beagán caoi ar bhosca na litreacha thíos ansin mar briseadh isteach ann seachtain ó shin. D'iarr fear an phoist orm beagán feistis a dhéanamh air ach is é atá dá bharr agamsa ná buille den chasúr a thabhairt sa méir dom féin.'

'M'anam,' a dúirt Cóil, 'gur furasta leis tarlú.'

Smaoinigh Cóil ar feadh tamaill bhig.

'Ach cén t-am ar tharla sé sin?' a dúirt sé.

'Tá sé tarlaithe le os cionn seachtaine nó mar sin,' a dúirt Willie, 'agus ní hé sin an chéad uair a briseadh isteach sa mbosca céanna. Is cosúil le hobair ghasúr é. Bíonn gasúir ar thóir pingineacha.'

'Ach, ar ndóigh, ní bhíonn airgead i mbosca den tsórt sin,' a dúirt Cóil.

'Amanna bíonn,' a dúirt Willie, 'mar má chuireann duine litir sa mbosca gan aon stampa is iondúil go gcuireann siad luach an stampa isteach sa mbosca agus tá a fhios ag na gasúir é sin. Dúirt fear an phoist gur uair sa gcéad a bhíonn aon litir ann ach an mhaidin a ndearnadh an briseadh isteach, ní raibh litir ná airgead ann.'

'M'anam gur dóigh nach raibh,' a dúirt Cóil. D'fhan sé tamall ag caint le Willie. Dúirt sé gur mhaith leis seasamh thoir tigh Pháidín, mar gur fada nach raibh sé thoir ann. Níor mhaith le Willie go rachadh Cóil soir tigh Pháidín ag an bpointe seo, mar is dócha go mbeadh sé ag caint faoi bhosca na litreacha agus an briseadh isteach agus gan eolas ar bith ag Páidín ar an scéal agus dá dtarlódh sé sin, is cinnte go gceapfadh Cóil gur ag cumadh a bhí sé féin dó. Ag cumadh a bhí sé cinnte, le fear an phoist a shábháil ó amhras. Ba mhaith le Willie tús scéil a bheith aige féin do Pháidín agus an sop a lasadh ina chluas agus sin é a rinne sé.

'Bhuel, a Chóil,' a dúirt Willie, 'tá mé ag ceapadh go bhfuil Páidín agus a mháthair imithe inniu chuig an mbaile mór ar thóir aturnae mar gheall ar chúis an *worm*. Is dócha gur chuala tú faoin *worm* a fuair an Garda sa draein teorann.'

'Chuala,' a dúirt Cóil. 'Cén t-am a mbeidh an chúirt ann?' a dúirt sé.

'An tseachtain seo chugainn,' a dúirt Willie.

'Bhuel,' a dúirt Cóil, 'ní mórán de chúis é sin. Beidh mé aniar amárach, b'fhéidir,' agus siar leis abhaile. Chomh luath is a bhí Cóil leath bealaigh siar thug Willie do na bonnachaí é soir tigh Pháidín agus an buadán dearg fós casta ar na méaracha aige, leis an scéal seo a bhí sé tar éis a chumadh do Chóil faoi bhosca na litreacha a chur ar eolas do Pháidín. Bhuail sé isteach sa siopa. Bhí Páidín agus a mháthair ann agus deas go leor, bhí Katty ann freisin.

'Ó,' a dúirt Katty, 'céard a tharla do do lámh?'

'Ní fiú biorán an méid sin,' a dúirt Willie. 'Bhí mé ag tógáil bearna de chlaí,' a dúirt Willie, 'agus bhain mé barr na méire díom féin le cloch ghéar. Ach ní hé sin a dúirt mé le Cóil Mór tamall beag ó shin, nuair a chuir sé an cheist chéanna orm.'

'Cóil Mór,' a dúirt Páidín, 'cá raibh sé?'

'Bhí sé thiar ag an teach agam. Nuair a chonaic sé an buadán seo ar mo mhéara d'fhiafraigh sé céard a tharla dom.'

D'éist an triúr eile go cúramach le scéal Willie. D'inis Willie dóibh faoi gach a ndúirt sé le Cóil faoi bhosca na litreacha.

'M'anam,' a dúirt Páidín, 'go bhfuil clár mín curtha agat ar an scéal sin anois agus ní bheidh aon amhras ar fhear an phoist faoi aon litir a cuireadh sa mbosca thart ar an am a briseadh isteach ann agus a chuaigh amú.'

'Anois,' a dúirt Willie, 'ní mór dom cosúlacht na fírinne a chur ar an scéal seo. Tá rún agam dul síos chuig an mbosca sin agus beagán oibre a dhéanamh ann agus cúpla tairne a chur anseo agus ansin sna seanchláir atá ann agus an casúr a thabhairt sa gcoirnéal do chúpla bríce atá in éadan an bhosca ar fhaitíos go rachadh Cóil ag breathnú air mar tá sé fiosrach, agus mura mbeadh rud éigin déanta timpeall ann is cinnte nach gcreidfeadh sé focal dá ndúirt mé leis.'

'Plean maith,' a dúirt Páidín. Dúirt Willie le Katty an scéal seo ar fad a insint dá hathair agus eisean a bheith ar an eolas freisin. Chuaigh Willie síos chuig bosca na litreacha, casúr agus neart tairní aige. Níor spáráil sé tairní anseo agus ansin thart ar an mbosca. Chuir sé lorg an chasúir ar chorrbhríce a bhí in éadan an bhosca. Dá gcur ina n-áit féin arís, mar dhea.

Tráthnóna lá arna mhárach tháinig Nóirín Óg chuig an siopa. Dúirt Sarah léi nach mbeadh sí ag teastáil uaithi an deireadh seachtaine sin mar nach raibh mórán le déanamh ag an am.

'Tá go maith,' a dúirt Nóirín, agus bhuail sí síos abhaile.

Ag ní cúpla soitheach a bhí Nóra Mhór ag an am. Nuair a d'inis Nóirín di nach mbeadh sí ag teastáil ó Sarah ag deireadh na seachtaine, thit muga as a lámha agus rinne sé bruscar ar an urlár.

'Ní bheidh, an ea?' a dúirt Nóra, agus colg uirthi.

'Ní bheidh,' a dúirt Nóirín. 'Dúirt sí nach raibh mórán le déanamh aici féin.'

'Muise,' a dúirt Nóra, 'ná raibh a leath oiread le déanamh aici an deireadh seachtaine seo chugainn. Sin leithscéal atá aici le fáil réidh leat. Tá iontas orm faoin athrú mór seo atá ar Sarah, mar bhí sí an-mhór leat, nó meas tú céard a tharla, nó an bhfuil amhras aici ort ar bhealach ar bith?'

'Níl a fhios agam,' a dúirt Nóirín, 'ach céard faoi litir an tsáirsint?' a dúirt sí. 'Is cinnte nach bhfuair sé an litir sin. B'fhéidir gurbh é fear an phoist a chuir ina phóca í. Mar rinne mise dearmad stampa a chur ar an litir.'

'Níor chuir tú aon stampa ar an litir,' a dúirt Nóra Mhór. 'Muise, a óinseach mhór,' a dúirt sí, 'nach raibh a fhios agat nach gcuirfeadh fear an phoist stampa uirthi ach is dócha gur chuir sé ina phóca í agus b'fhéidir go bhfuil an litir sin léite ag cuid mhaith faoi seo agus ag Sarah chomh maith, ach nach cuma, mar ní raibh aon ainm léi agus ní bheidh a fhios cé a scríobh í.'

'Bhuel,' a dúirt Nóirín Óg, 'má fuair Sarah seans ar an litir sin, beidh barúil aici cé a scríobh í mar tá roinnt de mo chuid scríbhneoireachta i leabhar an tsiopa agus má chuireann sí an dá phíosa scríbhneoireachta le chéile is cinnte go mbeidh sí in ann a rá gur mise a scríobh í.'

'Ó, a dhiabhail go deo,' a dúirt Nóra Mhór, 'má tá an scéal mar sin, tá ár gcosa nite. Is cosúil anois gurb é sin atá tarlaithe agus ba é sin an fáth a bhfuil sí ag iarraidh fáil réidh leat. Anois, a Nóirín, ná hinis do d'athair aon ní faoin litir sin mar níl a fhios aige gur scríobh muid a leithéid ar chor ar bith agus ná labhair focal go brách fúithi.'

'Ceart go leor,' a dúirt Nóirín.

***

Bhí súil ag Nóra Mhór dá mbeadh Nóirín tamall ag obair sa siopa ag Sarah go mbeadh seans maith ann go bpósfadh sí féin agus Páidín i ndeireadh na dála. Ach anois bhí a fhios aici go raibh deireadh leis sin. Smaoinigh sí murach Katty go mbeadh seans maith ag Nóirín déanamh suas le Willie Rua mar bhí Willie agus Cóil an-mhór le chéile. Smaoinigh sí dá mbeadh droch-cháil curtha amach faoi Katty gurbh fhéidir go bhfágfadh Willie Rua sa diabhal ansin í. Chuimhnigh sí go raibh Katty ceathair nó cúig de sheachtainí imithe as baile agus chuimhnigh sí freisin go bhfaca sí an sagart ag imeacht as teach Katty thart ar an am céanna. Ní raibh a fhios ag aon duine cá ndeachaigh Katty ná céard a bhí an sagart ag déanamh ann. Bhí pian i mbolg Nóra Mhór, ag cur seo agus siúd le chéile, cén chaoi ab fhearr le Willie agus Katty a chur in adharca a chéile. Tús na seachtaine chuaigh sí soir chuig an siopa. Ní raibh ann ach Sarah ag an am. Shuigh siad síos ag caint agus cupán tae acu.

'Is cosúil nach bhfuil rudaí rómhaith sa siopa, a Sarah,' a dúirt Nóra.

'Muise, réasúnta,' a dúirt Sarah, 'lá síos agus lá suas ach tá sé ag tabhairt mo dhóthain le déanamh domsa le muid féin a choinneáil ag imeacht agus nach sin uile atá ag teastáil uainn?'

'M'anam gur fíor duit,' a dúirt Nóra. 'Meas tú an bhfuil caint ar bith ar Willie Rua agus Katty pósadh?' agus rinne sí scairt de gháire.

'M'anam nach bhfuil a fhios sin agam,' a dúirt Sarah.

'Bhuel,' a dúirt Nóra, 'ba chóir dóibh pósadh fadó, b'fhearr dóibh é ná an droch-cháil atá amuigh faoi Katty.'

'Céard é sin?' a dúirt Sarah.

'Déanamh amach nach bhfuil a fhios agat é,' a dúirt Nóra.

'M'anam nach bhfuil a fhios agamsa tada faoin mbeirt sin,' a dúirt Sarah.

'B'fhéidir nach bhfuil a fhios ag Willie tada faoi Katty ach oiread mar tá sé óg agus is furasta dallach dubh a chur ar a leithéid,' a dúirt Nóra, 'agus ba cheart é a chur ar an eolas.'

'Ach céard é seo, a Nóra?' a dúirt Sarah.

Rinne Nóra gáire breá arís.

'Muise,' a dúirt Nóra, 'nach raibh Katty imithe ceathair no cúig de sheachtainí tamall ó shin agus chonaic mé an sagart ag an teach ann cúpla uair thart ar an am céanna. Is cosúil go raibh eolas aige ar rud éigin nár mhaith leis ach d'imigh Katty go háit éigin le linn an ama sin.' Bhí Sarah ag éisteacht léi agus fonn gáire uirthi.

'Ach meas tú cá ndeachaigh sí?' a dúirt Sarah.

'Bhuel,' a dúirt Nóra, 'cá dtéann gach cailín cosúil le Katty nuair a bhíonn siad i dtrioblóid? Tá airgead in ann rudaí go leor a phlúchadh. Is dócha gurbh é an sagart a dhíbir as an bparóiste í. Nach é sin an scéal mór atá i mbéal na ndaoine sa mbaile seo le

tamall beag agus níor cheart do Willie síos ná suas a bheith aige léi
agus ba cheart Willie bocht a chur ar an eolas.'

D'éirigh Sarah den chathaoir agus fearg uirthi.

'Bhuel, a Nóra,' a dúirt sí, 'an té a chuir an droch-cháil seo amach
faoi Katty, is mór é idir é féin agus Dia. Cailín deas cneasta ar gach
caoi.'

'Ó,' a dúirt Nóra, 'ná clois uaimse é, ní mise atá á rá.'

'Murach tú,' a dúirt Sarah, 'is dócha go bhfuil a fhios agat cé a
dúirt ar dtús é ach tá mé cinnte dá mbeadh a fhios ag an sagart
faoina leithéid de dhroch-cháil a bheith amuigh faoi Katty go
rachadh sé go bun an údair faoina leithéid de scéal.

'Agus a Nóra,' a dúirt sí, 'más maith leat fios a fháil cá ndeachaigh
Katty, inseoidh mise duit anois é. Tá deartháir an tsagairt ina
shagart paróiste sa mbaile mór. Bhuail bean an tí a bhí aige síos tinn
agus theastaigh cailín uaidh ar feadh tamaill. Chuir sé scéal chuig an
sagart anseo cailín a fháil dó mar nach raibh sé éasca cailín maith a
fháil sa mbaile mór. Chuimhnigh an sagart ar Katty agus d'inis sé an
scéal di. Ní raibh mórán foinn ar Katty é seo a dhéanamh ach dúirt
sí leis teacht lá arna mhárach agus go mbeadh a hintinn déanta suas
aici faoi, mar theastaigh uaithi an scéal seo a insint do Willie Rua.
An tráthnóna sin d'inis sí an scéal do Willie. Dúirt Willie léi gan an
sagart a eiteachtáil mar nach raibh locht ar bith ar an scéal sin. Lá
arna mhárach bhí an sagart ar ais ag Katty agus dúirt sí leis go
ndéanfadh sí an rud a bhí sé ag iarraidh uirthi. Bhí an sagart thar a
bheith buíoch di. Thug sé isteach chuig an sagart paróiste í an lá
céanna agus d'fhan sí leis nó gur tháinig bean an tí a bhí tinn ar ais.
Sin é mo scéalsa duit anois agus an scéal atá fíor agus ní hé an sórt
scéil a bhí agatsa é,' a dúirt Sarah.

'Ó,' a dúirt Nóra, 'nach é sin an chaoi is fearr.'

'Bhuel,' a dúirt Sarah, 'ós rud é go bhfuil muid ag caint ar Willie
agus ar Katty, ní dochar dom é a insint duit gur gearr go mbeidh
bainis ann.'

'Muise, an mar sin é?' a dúirt Nóra, agus ba chosúil nach aon
ríméad a chuir an scéal sin uirthi. 'Muise,' a dúirt sí, 'nach mór an

ní ar Willie bocht an droch-cháil a bhí amuigh faoi Katty agus b'fhéidir nach bhfuil a fhios aige tada faoi.'

'Muise, a dúirt Sarah, 'nach mór an imní atá Willie ag cur ort, nach bhfuil mé tar éis insint duit faoi Katty agus gur deargbhréag an cháil sin a chuir duine éigin amach fúithi.'

'B'fhéidir gur bréag é,' a dúirt Nóra, 'ach is cuma mas fíor nó bréagach é–deirtear an té a dtéann cáil an mhochóirí amach dó nach miste dó codladh go meán lae agus is é a fhearacht sin ag Katty é agus an cháil a bhí amuigh di. Fanann sé i mbéal na ndaoine go ceann fada an lá.'

'B'fhéidir,' a dúirt Sarah, 'go bhfanann sé i mbéal an dreama a bhfuil an droch-chroí acu.'

'M'anam go mbeidh Katty deas *handy* anseo agat féin nuair a bheidh siad pósta,' a dúirt Nóra.

'Ní bheidh sí ag teastáil uaim,' a dúirt Sarah, 'ná ó aon duine eile mar tá Deirdre ag teacht chuig an mbainis agus tá sí ag fanacht sa mbaile as seo amach. Tá mé ag ceapadh gurb í féin agus Páidín an chéad bhainis eile.'

Bhí Nóra Mhór ina staic anois.

'Muise,' a dúirt sí, 'an bhfuil tú ag rá liom go bpósfadh Deirdre *Lady an Lipstick* Páidín? Nach Garda nó a leithéid a bheadh sí sin ag iarraidh agus ní leithéidí Pháidín. B'fhearr go mór do Pháidín cailín deas óg as an mbaile dá mbeadh ciall aige. D'imigh sí go Sasana gan insint do Willie cá raibh sí ag dul. Cá bhfios d'aon duine céard a thug go Sasana í ach cosúil le scéal Katty d'imigh sí sna cearca fraoigh ar feadh tamaill.'

Chuir an chaint sin fearg ar Sarah.

'Bhuel, a Nóra,' a dúirt sí, 'tá do dhóthain cúlchainte déanta agat agus nach agat atá an droch-chroí don dream óg seo. Tá a fhios agam go bhfuil do thóin amuigh nuair nár éirigh leat Nóirín Óg a fháil isteach tigh Willie nó anseo. Cheap mé go raibh deireadh le scéal agus le bréag nuair a bhásaigh Nainín Mháirtín, an bhean a d'inis neart bréag fúmsa an t-am sin faoi na huibheacha áil, ach tá na bréaga sa mbaile seo fós agus beidh mar tá an diabhal i mbarr an tsléibhe ann ag cur an bhaile trína chéile, agus mura gcuirtear deireadh leis go luath is iad muintir an Bhaile Rua an díol trua.'

D'éirigh Nóra agus amach an doras léi agus miongháire ar a béal agus í sásta go leor faoin méid a bhí ráite aici le Sarah faoi Katty agus Deirdre ach ní raibh mórán de bharr Sarah aici. Cheap sí ar dtús go mbeadh Sarah aici leis na scéalta bréagacha a bhí déanta suas aici féin a scaipeadh faoi Katty agus Deirdre, ach mo léan géar ba mhór a bhí sí ag dul amú. Isteach i gcluas agus amach as an gcluas eile a bhí a cuid scéalta ag Sarah. Nuair a bhí Nóra cúpla coiscéim amach an tsráid chas sí ar ais.

'Muise, a Sarah,' a dúirt sí, 'meas tú an fíor gur briseadh isteach i mbosca na litreacha tamall ó shin?'

'Chuala mé é sin,' a dúirt Sarah.

'Is é Willie Rua a bhí á insint do Chóil,' a dúirt sí, 'agus dúirt Willie gur iarr fear an phoist air caoi a chur air arís agus nach raibh dá bharr aige ach barr na méire a bhaint de féin leis an gcasúr. B'fhéidir gur scéal déanta suas an scéal céanna,' a dúirt sí, 'idir Willie agus fear an phoist, mar tá daoine ag gearán faoina gcuid litreacha atá ag dul amú anois agus arís, agus tá amhras mór ar fhear an phoist go gcuireann sé litreacha ina phóca agus gur maith an leithscéal é bheith le rá go mbristear isteach sa mbosca sin corruair.'

'Muise, a Nóra,' a dúirt Sarah, 'nach cuma domsa ná duitse ar briseadh nó nár briseadh isteach sa mbosca sin nó an raibh aon litir leatsa i mbosca thart ar an am sin?'

'M'anam nach raibh,' a dúirt Nóra, 'ach bheadh trua agam d'aon duine a raibh litir curtha sa mbosca sin aige nó aici agus b'fhéidir daoine eile á léamh i ngan fhios dóibh. Nach bocht an rud é sin.'

'Ná bíodh imní ort, a stór,' a dúirt Sarah, 'b'fhéidir nach raibh litir ar bith sa mbosca sin an t-am sin.'

'B'fhéidir é,' a dúirt Nóra.

Bhí barúil mhaith anois ag Sarah gurbh í Nóra agus Nóirín Óg a scríobh litir an tsáirsint agus gurbh é sin a bhí ag cur imní uirthi mar bhí barúil mhaith aici nach bhfuair an sáirsint an litir sin.

'Bhuel,' a dúirt Nóra, 'nach fearr dom dul abhaile, ach má

thagann Cóil chuig an siopa ag deireadh na seachtaine, ná habair tada leis faoin méid a bhí mé á rá leat faoi Katty mar ní insímse tada den tsórt sin do Chóil.'

'Ná bíodh faitíos ort, a stór,' a dúirt Sarah, 'mar ní bean scéalta mé.'

***

An tseachtain dár gcionn fuair Páidín glao cúirte. Chuaigh sé féin agus Willie chuig aturnae, an fear céanna a bhí acu nuair a bhabhtáil siad an dá áit le chéile. D'inis siad dó an scéal síos suas faoin nGarda agus an áit a bhfuair sé an *worm*. Thóg sé nóta ar gach rud agus dúirt sé le Páidín go mbeadh sé féin sa gcúirt agus ag deireadh an lae go mbeadh gach rud ceart. Lá na cúirte bhí Páidín ann agus bhí an t-aturnae ann chomh maith. Bhí cuid mhaith eile ann chomh maith le Páidín. Cúis phoitín a bhí ar chuid acu. Cuid eile nach raibh ceadúnas madra acu, ach idir gach cúis a bhí ann ba é cúis Pháidín an ceann deireanach. Bhí an Garda ann agus an *worm* i mála aige. Dúirt sé go bhfuair sé an *worm* seo a bhí sa mála aige i ndraein ar thalamh Pháidín.

'An fíor é sin, a Pháidín?' a dúirt an breitheamh.

'Ní fíor,' a dúirt Páidín.

Sheas an t-aturnae suas. Chuir sé ceist ar an nGarda.

'An bhfuil tú cinnte gurbh ar thalamh an fhir seo a fuair tú an *worm* sin atá sa mála agat?'

'Tá,' a dúirt an Garda.

'Ar thalamh tirim nó i ndraein a bhfuair tú an *worm* sin?' a dúirt an t-aturnae.

'Sa draein,' a dúirt an Garda.

'An raibh uisce sa draein?' a dúirt an t-aturnae.

'Bhí,' a dúirt an Garda.

'Cén airde uisce, tuairim is, a bhí os cionn an *worm*?'

'Tuairim is ceithre throigh,' a dúirt an Garda.

'Nach draein teorann an draein sin?' a dúirt an t-aturnae.

'Is ea,' a dúirt an Garda.

'An ndeachaigh tú síos faoin uisce agus gur thomhais tú gur mó a bhí an *worm* ar thaobh an fhir seo, ná ar thaobh an fhir ar leis an talamh ar an taobh eile?'

'Ní dheachaigh,' a dúirt an Garda.

'Cén chaoi mar sin,' a dúirt an t-aturnae, 'gur féidir leat a rá gur ar thaobh an fhir seo is mó a bhí an *worm*? Nárbh fhéidir gurbh ar thaobh an fhir eile ba mhó a bhí sí?' Níor fhreagair an Garda an cheist sin.

'Ba mhaith liom an *worm* sin a fheiceáil,' a dúirt an t-aturnae. D'oscail an Garda an mála, chaith sé an *worm* amach ar an urlár. D'imigh an *worm* ina dhá chuid, bhí sé ite le meirg.

'Bhuel,' a dúirt an t-aturnae, 'ní cheapfainn go raibh an *worm* sin i ndraein uisce le blianta fada agus ní dhearna sí poitín leis na blianta ach oiread. Ach mura ndearna sí poitín rinne sí neart meirge.'

Rinne gach a raibh sa gcúirt scairt ó chroí de gháire geal.

'Anois,' a dúirt an t-aturnae, 'an talamh atá i gceist ag an nGarda, ní leis an bhfear atá anseo sa gcúirt an talamh sin ach le fear eile.' Thaispeáin sé mapa Pháidín agus mapa an fhir eile don Bhreitheamh. Thaispeáin sé dó ar an mapa an áit a bhfuair an Garda an *worm* agus b'fhada ó thalamh Pháidín a bhí sé.

'Bhuel,' a dúirt an breitheamh, 'níl aon chúis in aghaidh an fhir seo agus tá an chúis caite amach.'

Rinne Páidín gáire, ghlac sé buíochas leis an aturnae. Thug sé féin agus Willie Rua a n-aghaidh ar an mbaile. Bhí Sarah in imní sa mbaile. Cheap sí ar maidin nach mbeadh mórán moille sa gcúirt ar Pháidín. Sa deireadh agus súil ghéar amach aici ag súil ar ais leis an mbeirt chonaic sí Willie Rua ag teacht aníos an bóithrín. Is beag nár thit sí as a seasamh. Amach léi ar an tsráid roimh Willie.

'Cá bhfuil Páidín?' a dúirt sí. Rinne Willie gáire. 'Tá sé ag teacht.'

'Cén chaoi a ndeachaigh an chúis?' a dúirt Sarah.

'Go maith,' a dúirt Willie. 'Rinne an t-aturnae go maith do Pháidín agus fuair sé glanta amach as an gcúis sin ar fad é.'

'Muise, nach mór an suaimhneas dúinn é sin a bheith thart,' a dúirt Sarah. 'Ach cá ndeachaigh sé?'

'Bhuel,' a dúirt Willie, 'ar an mbealach anoir dúirt sé gur dócha go mbeadh Ned Mór agus b'fhéidir cúpla duine isteach anocht mar gheall ar an gcúirt agus bhuail sé síos tigh Shéamuis le buidéal poitín a fháil, i gcomhair na hoíche.'

'Diabhal locht air sin,' a dúirt Sarah. Ba ghearr gur tháinig Páidín agus cúpla buidéal breá poitín aige.

'Muise, a stór,' a dúirt Sarah, 'nach mór an mhaith go bhfuil cúis an *worm* thart.'

'Is mór, go cinnte,' a dúirt Páidín, 'ach murach Ned Mór is í *worm* Dheaide a bheadh sa gcúirt ag an nGarda agus is maith an airí braon poitín é. Tá mé cinnte go mbeidh sé aniar anocht.'

Luath go maith san oíche tháinig Ned ag cur tuairisc na cúirte. Bhí Sarah agus Páidín agus Willie ansin agus iad ag ól braon tae. Sheas Ned i lár an urláir.

'Cén scéal atá agat, a Pháidín, tar éis an lae?' a dúirt sé.

'Scéal maith,' a dúirt Páidín. 'Suigh síos.' D'inis Páidín dó faoin gcúirt agus *worm* a bhí sa mála ag an nGarda.

Thug sé gloine bhreá do Ned.

'Go raibh maith agat, a Pháidín,' a dúirt Ned, 'ach tá tú ag déanamh iomarca, mar ní dhearna mé tada daoibh.'

'Muise,' a dúirt Sarah, 'rinne tú cuid mhaith dúinn san am atá caite agus rinne tú jab maith nuair a shábháil tú an *worm* ón nGarda. *Worm* Tom Bháin, go ndéana Dia trócaire air. Bhí sé féin an-bhródúil as an *worm* sin agus murach tusa bheadh sí briste brúite ag na Gardaí faoin am seo. Bíodh sí agat féin anois.'

'Go raibh míle maith agaibh,' a dúirt Ned. 'Tabharfaidh mise aire an linbh di, mar tá fíornádúr agam léi mar gheall ar an bhfear a raibh sí aige.'

'Bhuel,' a dúirt Páidín, 'is leat féin anois í agus go n-éirí an t-ádh leat.'

Tar éis tamaill bhig d'imigh Willie siar abhaile. D'airigh siad trip trup isteach an tsráid. Smaoinigh Ned ar na Gardaí. Chaith sé siar an braon a bhí sa ngloine aige, faoi dheifir. Is beag nár thacht sé é.

Chuir sé an ghloine ina phóca. Cóil Mór agus a bhean chéile Nóra
a bhí ann. Chroith siad lámh le Páidín. Chuir Nóra Mhór a dá lámh
timpeall ar Sarah agus phóg sí í. Ní cheapfá gurbh í an Nóra
chéanna a bhí ann anois agus a bhí ann seachtain roimhe sin nuair a
tháinig sí le mála bréag chuig Sarah agus súil aici go mbeadh Sarah
á scaipeadh ar fud an bhaile. Ba mhaith le Nóra an chos a
choinneáil ag Cóil ar fhaitíos go ligfeadh Sarah an cat as an mála
uirthi le Cóil faoin méid a bhí le rá aici seachtain roimhe sin faoi
Katty agus faoi Dheirdre. Bhí a fhios acu faoin gcúirt, mar casadh
Willie Rua uirthi ar an mbealach agus d'inis sé gach rud dóibh.
     Thug Páidín gloine mhór de phoitín do Chóil. D'ól Nóra agus
Sarah braon beag chomh maith. Bhí Nóra sásta léi féin anois mar
bhí sí féin agus Sarah cineál mór le chéile arís. D'fhan siad tigh Sarah
go meán oíche ag caint air seo agus air siúd agus ag baint braoinín
amach an fhad is a sheas an chéad bhuidéal de phoitín. Sa deireadh
dúirt Nóra Mhór go raibh sé in am dul abhaile. Tar éis tamaill
d'imigh siad agus ghlac siad buíochas le Sarah agus le Páidín. Anois
bhí an áit ciúin. D'fhan Willie thiar ag a theach i gcaitheamh na
hoíche mar bhí a fhios aige go raibh Cóil Mór agus Nóra tigh Sarah
agus cinnte go mbeadh Ned ann an fhad is a bheadh braon sa
mbuidéal. Thart ar mheán lae lá arna mhárach tháinig Willie aniar
chuig an siopa. Ní raibh ann ach Páidín. Bhí Sarah ar an leaba fós
de bharr a bheith ina suí go meán oíche.
     'Tá scéal nua agam duit, a Pháidín,' a dúirt sé.
     'Céard é?' a dúirt Páidín.
     'Tá rún agam féin agus ag Katty pósadh go gairid,' a dúirt sé.
     '*Fair play* daoibh,' a dúirt Páidín, 'níl aon locht air sin.'
     'Fuair mé litir ó Dheirdre inniu,' a dúirt Willie, 'agus tá rún aici
teacht abhaile agus fanacht sa mbaile, b'fhéidir. Ba cheart duit féin
agus do Dheirdre pósadh,' a dúirt sé. 'Dúirt sí liom labhairt leat faoi
agus má tá tú sásta beidh gach rud ceart.'
     'Anois, a Willie,' a dúirt Páidín, 'ná bí ag magadh fúm.'
     'Níl mé ag magadh,' a dúirt Willie. 'Tá mé ag insint na fírinne
duit.'

'Más mar sin atá an scéal,' a dúirt Páidín, 'tá mise ríshásta.'

'Tá go maith,' a dúirt Willie. 'Beidh mé ag scríobh chuici amárach agus inseoidh mé é sin di.'

'Go raibh maith agat,' a dúirt Páidín. 'Sin é an scéal is fearr liom dár chuala mé riamh. Ní inseoidh mé tada do Mhama faoi seo go ceann tamaill, ar fhaitíos gur scéal i mbarr bata é.'

'Tá go maith,' a dúirt Willie.

Lá arna mhárach scríobh Willie chuig Deirdre. D'inis sé di gur labhair sé le Páidín faoin scéal a bhí i gceist aici agus go raibh sé lánsásta leis an scéal céanna. D'inis sé di go mbeadh sé féin agus Katty ag pósadh go gairid agus gur cheart di teacht abhaile chomh luath agus ab fhéidir léi agus go mbeadh gach rud ceart. Nuair a fuair Deirdre litir Willie bhí ríméad uirthi. Scríobh sí ar ais chuige an lá céanna agus dúirt sí go mbeadh sí sa mbaile an deireadh seachtaine dár gcionn agus é sin a insint do Pháidín. Nuair a fuair Willie an litir d'inis sé do Pháidín go mbeadh Deirdre ag teacht abhaile ag deireadh na seachtaine agus an scéal seo ar fad a insint dá mháthair. An tráthnóna céanna d'inis Páidín dá mháthair go raibh Deirdre ag teacht abhaile ag deireadh na seachtaine.

'Muise, an mar sin é?' a dúirt a mháthair. 'Is dócha nach mbeidh sí ag fanacht i bhfad, seans gur chuig bainis Willie Rua atá sí ag teacht.'

Rinne Páidín gáire. 'Bhuel, a Mhama,' a dúirt sé, 'beidh Deirdre ag fanacht sa mbaile uaidh seo amach. Tá mé féin agus Deirdre ag caint ar phósadh.' Ag ól cupán tae a bhí Sarah ag an am. Thit an cupán as a lámh nuair a chuala sí scéal Pháidín.

'Tú féin agus Deirdre?' a dúirt sí.

'Is ea,' a dúirt Páidín.

'Muise,' a dúirt sí, 'sin é an scéal is fearr liom dár chuala mé riamh, más fíor é.'

'Is fíor,' a dúirt Páidín.

Ag deireadh na seachtaine dár gcionn bhí Deirdre ar ais. Go deimhin, bhí faire ghéar ar an deireadh seachtaine céanna ag Páidín agus ag a mháthair. Bhí Sarah ag iarraidh gach rud a bheith i gcaoi

agus i gcóir tigh Willie roimh Dheirdre agus bhí sin déanta aici gan
locht ná marach. Ag tarraingt ar mheán lae Dé Sathairn dhún Sarah
an siopa. Bhí rún aici neart le hithe agus le hól a thabhairt siar tigh
Willie mar gur mhór an seans go mbeadh corrdhuine isteach ag cur
fáilte roimh Dheirdre agus sin é a rinne sí. Chuimhnigh sí ar Shíle,
máthair Dheirdre agus go ndearna sise an rud céanna do Pháidín an
t-am a raibh sí féin san ospidéal. Thug sí féin agus Páidín dhá
chiseán breá lán le bia agus le deoch siar tigh Willie. Bhí Willie agus
Katty ansin. Chuir Sarah a dhá lámh timpeall ar Katty agus phóg sí
í agus ghuigh sí an t-ádh di féin agus do Willie.

Ghlac Willie buíochas le Sarah faoin méid a bhí déanta aici.
Chaith siad tamall ag caint. Sa deireadh dúirt Willie go mbeadh an
bus ag béal an bhóithrín nóiméad ar bith anois. Chuaigh sé féin agus
Katty agus Páidín síos roimh Dheirdre. D'fhan Sarah ag an teach.
Tar éis tamaill chuaigh sí amach ar an tsráid. Bhí an áit fíorchiúin.
Bhí an tráthnóna go hálainn, an ghrian chomh dearg le rós ag éalú
síos faoi iarthar na mara. Thug Sarah súil thart ar an áit. Thug sí
súil síos ar phúirín na gcearc. Smaoinigh sí ar an tráthnóna a sciorr
sí ar an reothalach agus ar gach ní a tharla ina dhiaidh sin. Bhris na
deora ina dhá súil. Isteach léi sa teach agus shuigh sí síos ag
caoineadh. 'Nach iomaí cor sa saol,' a dúirt sí.

Níor airigh sí go raibh an triúr aníos an bóithrín agus Deirdre in
éineacht leo. Thriomaigh sí na súile faoi dheifir agus amach léi
roimh Dheirdre. Chuir sí dhá lámh timpeall uirthi agus phóg sí í.
Chuir sí na mílte fáilte roimpi. Thug Deirdre faoi deara go raibh sí
ag caoineadh.

'A Sarah,' a dúirt sí, 'is cosúil go raibh tú ag caoineadh, ach cén fáth?'

'Muise a stór,' a dúirt Sarah, 'nuair a bhí mé amuigh ansin ar an
tsráid tamall beag bhí mé ag smaoineamh ar an seansaol agus
b'éigean dom na deora a shileadh.'

'Anois,' a dúirt Deirdre, 'déan dearmad ar an seansaol. Beidh saol
nua ar fad agat uaidh seo amach mar beidh mise in éineacht leat.'

'Muise, go bhfága Dia agam thú, a stór,' a dúirt Sarah. Isteach leo
sa teach. Bhí Deirdre ag déanamh iontais chomh deas is a bhí an

teach ag Willie, ach dúirt Willie gurbh í Sarah a rinne aon rud a bhí le déanamh. Chaith siad ag caint go meán oíche, ag cur síos ar gach a tharla ón mhaidin Aoine sin a d'imigh Deirdre. Níor tháinig aon duine eile ar cuairt chucu i rith na hoíche. Sa deireadh dúirt Sarah go raibh sé in am acu féin dul abhaile mar go raibh Deirdre tuirseach. Chuaigh sí féin agus Páidín abhaile, d'fhan Katty go maidin in éineacht le Deirdre.

Go moch ar maidin lá arna mhárach chuaigh Deirdre soir tigh Sarah agus bronntanas aici do Sarah agus do Pháidín. Chaith sí an chuid ba mhó den lá in éineacht leo. D'inis sí do Sarah go mbeadh Willie agus Katty ag pósadh i gceann cúpla seachtain.

'Is dócha, a Sarah,' a dúirt sí, 'go bhfuil a fhios agat go bhfuil mé féin agus Páidín ag caint ar phósadh chomh maith.'

'Ó, tá a fhios, a stór,' a dúirt Sarah, 'agus tá ríméad orm é sin a chloisteáil.'

'Bhuel,' a dúirt Deirdre, 'bhí Willie ag rá gur cheart dúinn pósadh an lá céanna a mbeadh siad féin ag pósadh agus bainis bheag a bheith againn le chéile sa teach seo, mura miste leat é agus beidh an costas idir mé féin agus Willie.'

'Muise, a stór,' a dúirt Sarah, 'tá mise agus Páidín thar a bheith sásta leis sin.'

Sin go díreach mar a tharla, faoi cheann cúpla seachtain phós Willie agus Katty agus Páidín agus Deirdre an lá céanna i séipéal an Bhaile Rua. Maidin Luain a bhí ann. Cé gur maidin Aoine a cheap siad ar dtús, ach ba é Aoine an tríú lá déag é.

Chuimhnigh Sarah ar gach ar inis Cóil Mór dóibh uair amháin faoi Aoine an tríú lá déag. D'inis sí do Pháidín agus do Willie é, agus cheap siad an Luan mar lá na bainise.

Bhí slua de mhuintir an bhaile ag an bpósadh. Fuair siad ar fad cuireadh chuig teach Sarah. Tháinig an chuid ba mhó acu ach an chuid nár tháinig sa lá, tháinig siad san oíche. San oíche a tháinig Cóil Mór agus a bhean, Nóra Mhór.

Cheap Sarah nach dtiocfadh Nóra Mhór, mar gheall ar gach a raibh le rá aici tamall roimhe seo faoi Katty agus Deirdre.

Níor tháinig Nóirín Óg mar anois ní raibh aon seans aici déanamh suas le Páidín ná le Willie Rua uaidh seo amach. Ach ba chuma léi. Smaoinigh sí go raibh bric i bhfarraige chomh maith is a maraíodh fós.